Inhalt

Hier und auf der hinteren Klappe des Buches findest du eine Übersicht über alle vorgestellten Arten.

Pflanzen, Algen

Holger Haag

Was lebt an STRAND & KÜSTE?

85 HEIMISCHE TIERE & PLANZEN

Impressum

Mit Illustrationen von: Paschalis Dougalis/Kosmos (5): S. 81, 82, 83, 86; Marianne Golte-Bechtle/Kosmos (23): S. 10, 12, 22, 30, 33, 35, 36, 38, 39, 47, 70, 72, 80, 84, 89; Milada Krautmann (2): S. 96, 102; Alfred Limbrunner (1): S. 101; Steffen Walentowitz (58): 11, 13, 14, 15, 16, 17, 18, 19, 20, 23, 24, 25, 26, 27, 28, 29, 31, 32, 34, 37, 40, 42, 43, 44, 46, 48, 49, 52, 55, 56, 58, 59, 60, 61, 62, 63, 64, 65, 66, 67, 68, 69, 71, 73, 74, 76, 77, 78, 79, 85, 87, 88, 90, 91

Mit Farbfotos von:
Adobe Stock.com: Aldebaran (1): S. 89; andtam1 (1): S. 103 o.l (Freisteller); Anetlanda (1): S. 107 u.; Anima-flora (1): S. 105 u.; Martina Berg (1): S. 72; C_images (1): S. 98 o.; ClaraNila (1): S. 85; Connfetti (1): S. 93 o.; Dirk R (1): S. 73, 75; Fatmanphotouk (1): S. 13; Fotopro (1): S. 9 o.; Susanne Güttler (1): S. 31; Hannah (1): S. 37; Ijdema (1): S. 68; Kramer (1): S. 69; Holger Luck (1): S. 9 u.; I. Onepony (2): S. 96, 97; Picture Partners (1): S. 40; Paul (1): S. 105 o.; PHB (1): S. 71; PIXATERRA (1): S. 82; Sarina_a (1): S. 93 u.; Schachspieler (1): S. 98 u.; Volker Z (1): S. 23; Julia Wesenbera/Fotolia.com: S. 2/3; Sylwia Schreck/Adobe Stock.com: S. 81;

Shutterstock.com: D7INAMI7S (1): S. 103;

Dreamstime.com: Arwyn (1): S. 47; Manuel Juan Garcia Marquez (1): S. 38; Mycolors (1): S. 106; Reno12 (1): S. 15;

Weitere: Friedhelm Adam (1): S. 83; Arndt (1): S. 79; Aiwok (1): S. 85; Axel Halley (1): S. 86; Frank Hecker (21): S. 11, 14, 17, 18, 20, 29, 32, 42, 43, 49, 64, 65, 67, 87, 88, 91, 92, 95 u., 103 o., 104 o.; Kerstin Henning/Panthermedia.net (1): S. 95; Manfred Höfer (1): S. 104 u.; Silvia Janisch/Alfred-Wegener-Institut für Polar- und Meeresforschung (1): S. 94; Klaus Janke (24): S. 16, 19, 25, 27, 33, 34, 44, 45, 51, 52, 53, 54–58, 59, 60, 62–63, 76, 80, 90, 100; Bruno P. Kremer (2): S. 8, 50; Alfred Limbrunner (1): S. 66; Moritz Mehrlein/absolut-pixel.de (1): S. 22; Dirk Schories (3): S. 46, 102, 107 o.; Holger Schmidt/Panthermedia.net (1): S. 99; H. Zell/Wikimedia commons (1): S. 49 m.

Wir haben versucht nach bestem Wissen und Gewissen die Illustrationen zu belegen. Einige konnten wir leider nicht mehr zuordnen. Sollten Sie ihre Illustration wiedererkennen, nehmen Sie gerne Kontakt mit uns auf.

Die 24 Aufnahmen von Tierstimmen, die über die Kosmos-Plus App abrufbar sind, stammen von Jean C. Roché.

Umschlaggestaltung von Nakischa Scheibe unter Verwendung einer Fotografie von Zoonar/Armin Maywald und Illustrationen (U4), Säbelschnäbler (Steffen Walentowitz), Wellhornschnecke.

Klappengestaltung von Nakischa Scheibe unter Verwendung von Kosmos Kartografie, Stuttgart, Annette Wrobel.

Unser gesamtes lieferbares Programm und viele weitere Informationen zu unseren Büchern, Spielen, Experimentierkästen, Aktivitäten, Autorinnen und Autoren findest du unter **kosmos.de**

MIX
Papier | Fördert gute Waldnutzung
FSC® C023164

Gedruckt auf chlorfrei gebleichtem Papier

Pfizerstraße 5–7, 70184 Stuttgart
kosmos.de/servicecenter

ISBN: 978-3-440-17922-2
Projektleitung: Leonie Duppke
Redaktion: Dr. Heike Herrmann
Layout: Nakischa Scheibe und Sigrid Walter
Satz: Nakischa Scheibe
Produktion: Lena Santamaria
Druck und Bindung: LONGO AG, Bozen
Printed in Europe / Imprimé en Europe

*Nr 1 Button: *Quelle: Media Control MC Metis, DACH, FY 2024, WG 42-Natur, Umsatz*

Haftungsausschluss

Alle Angaben in diesem Buch erfolgen nach bestem Wissen und Gewissen. Sorgfalt bei der Umsetzung ist indes dennoch geboten. Der Verlag und der Autor übernehmen keinerlei Haftung für Personen-, Sach- oder Vermögensschäden, die aus der Anwendung der vorgestellten Materialien und Methoden entstehen können.

Inhalt

Hallo, liebe Küstenfreundin und lieber Küstenfreund!

Bist du gerne am Meer und sammelst Muscheln am Strand oder stürzt dich ins kühle Wasser? Dann begegnest du vielen interessanten Tieren und Pflanzen, die nur dort zu Hause sind! Viele findest du im Spülsaum an der Küste. Nach anderen musst du richtig graben, um sie aufzuspüren. In diesem Buch sind rund 85 Arten abgebildet. Du kannst sie leicht erkennen und mehr über sie erfahren.

Bestimmen leicht gemacht

Die **Farbleiste** am oberen Rand jeder Seite hilft dir bei der Suche nach den verschiedenen **Tier- und Pflanzengruppen:**

Pflanzen und Algen

Krebse und Stachelhäuter

Muscheln und Schnecken

Würmer und Quallen

Vögel

Robben, Wale und Fische

Außerdem findest du auf jeder Seite noch folgende Zeichen:

Der Text neben der Landschaft verrät dir, wo die Tier- oder Pflanzenart lebt oder du sie am ehesten finden kannst: am Strand, im Wattboden, an Hafenmauern oder an der Küste.

Damit du auf einen Blick abschätzen kannst, wie groß das Tier oder die Pflanze ist, steht neben dem Symbol für Größe die genaue Größenangabe.

Durch die **farbige Leiste** ganz unten auf der Seite erkennst du auf einen Blick, in welchen Monaten die Art bei uns an der Küste aktiv und am besten zu beobachten ist. Muschelschalen findest du beispielsweise ganzjährig am Strand, während die Ringelgans nur in den Wintermonaten zu Gast ist.

Anhand der großen **Illustration** bekommst du ein genaues Bild der Pflanze oder des Tiers und kannst die Art so leicht bestimmen. Auf die wichtigsten Merkmale weisen kleine Pfeile mit Erklärungen hin. Zusätzliche Fotos und Zeichnungen zeigen Details oder Besonderheiten.

Hinter manchen Tiernamen findest du dieses Zeichen 123 mit einem **Zahlencode**. Gib den dreistelligen Code in die kostenlose „KOSMOS Plus"-App ein und hör dir die jeweilige Tierstimme an! Genauere Infos über die App und darüber, wie du sie installieren kannst, findest du auf den Buchklappen.

Die roten **Wichtig zu wissen!**-Kästen verraten dir interessante Zusatzinfos über die Küstenbewohner. Die grünen **Schau genau!**- und die gelben **Mach mit!**-Kästen geben dir Tipps zum Bestimmen und Selbermachen. In den orangefarbenen **Erstaunlich!**-Kästen findest du verblüffendes Detailwissen oder Rekorde.

Urlaub am Meer

Hier noch ein paar Begriffe, die du kennen solltest, wenn du Urlaub am Meer machst. An der Nordsee wird dir schnell der Wechsel von **Ebbe und Flut** auffallen. Zweimal am Tag steigt und sinkt das Wasser in der Nordsee. Aber wieso ist das Wasser einmal da und dann wieder weg? Das kommt so: Der Mond hat – genauso wie die Erde – eine Anziehungskraft. Die ist zwar nicht so stark, reicht aber aus, um das Wasser der Erde anzuziehen. Auf der Seite der Erde, die gerade dem Mond zugewandt ist, entsteht dadurch ein Wasserberg. Gleichzeitig bildet sich ein zweiter Wasserberg auf der anderen Seite der Erde, dort bleibt das Wasser aus Trägheit etwas zurück. Trifft nun der Wasserberg auf eine Küste, herrscht dort Flut.

Vorsicht!

Am Meer gibt es einige Verhaltensregeln, die du unbedingt beachten solltest. Gehe nie ohne erfahrene Wattführer auf die Wattfläche hinaus! Die einsetzende Flut bringt das Wasser sehr schnell zurück und kann dir leicht den Weg ans rettende Ufer abschneiden. Auch kann rasch Nebel aufziehen, der verhindert, dass du zurückfindest. Bei Gewitter solltest du ohnehin die Nähe zu Wasser sowie offene Flächen meiden, denn ein Blitz kann dich dort leicht treffen.

Zwischen Ebbe und Flut liegen etwa sechs Stunden, sodass es zweimal täglich Flut und zweimal täglich Ebbe gibt. Bei der Touristeninformation deines Urlaubsorts oder in sogenannten Gezeitenkalendern erfährst du die genauen Uhrzeiten – die verschieben sich nämlich täglich etwas. An der Ostsee gibt es kaum Ebbe und Flut – das Meer ist dafür zu klein. Hier hat der Wind mehr Einfluss auf den Wasserstand: Weht der Wind von der Küste weg, sinkt der Wasserstand. Den höchsten Wasserstand bei Flut nennt man **Hochwasserlinie**. Der niedrigste Wasserstand ist die **Niedrigwasserlinie**. Die **Gezeitenzone** ist der Bereich zwischen diesen Linien. Die Flächen, die bei Niedrigwasser trockenfallen, also ohne Wasser sind, werden **Watt** genannt.

Ein Priel in einer Salzwiese

Ein **Priel** ist ein natürlicher Wasserlauf im Watt oder in einer Wiese. Da die küstennahen Wiesen regelmäßig von salzigem Meerwasser überspült werden und die Pflanzen mit dem hohen Salzgehalt zurechtkommen müssen, nennt man diese Wiesen auch **Salzwiesen**. Sie liegen meist zwischen Meer und Deich.

Auf Salzwiesen findest du ganz spezielle Pflanzen.

Nordsee und Ostsee

Leuchtturm

Neben Ebbe und Flut gibt es noch einen anderen gravierenden Unterschied zwischen Nord- und Ostsee: Die Tier- und Pflanzenwelt ist an der Nordsee viel artenreicher. Das liegt am unterschiedlichen Salzgehalt des Wassers. In der Ostsee nimmt der Salzgehalt immer mehr ab, je weiter man nach Osten kommt. Zum offenen, salzreichen Meer hat die Ostsee nur einen schmalen und flachen Zugang zwischen Schweden, Dänemark und Deutschland. Von dort gelangt nur bei starken Winterstürmen salzreiches Wasser in die Ostsee, während durch die vielen Flüsse ständig Süßwasser zufließt. Die Ostsee ist also ein sogenanntes **Brackwassermeer**. Einige Arten wie die Miesmuschel können sich dem geringen Salzgehalt anpassen, aber die meisten Salzwasser liebenden Arten kommen nur in der Nordsee oder der westlichen Ostsee vor.

Einmalige Natur

Viele Gebiete an der Küste gehören zu Nationalparks und stehen unter Naturschutz. Hier musst du unbedingt auf den Wegen bleiben. Um die Tier- und Pflanzenwelt richtig kennenzulernen, solltest du auf eine der vielen Führungen mitgehen, die von Naturschutzvereinen oder der Kurverwaltung angeboten werden.

Nun aber raus an den Strand und viel Spaß beim Entdecken, Erkennen und Erleben!

Der Meersalat

Der Meersalat ist eine Grünalge, die man häufig an der Küste findet. Sie ist leicht an ihren breiten, gelappten Blättern zu erkennen, die in der Tat wie Salatblätter aussehen, nur viel dünner und labberiger sind.

Erstaunlich!

Der Meersalat hat seinen Namen nicht nur wegen seines Aussehens bekommen. In einigen Ländern wird er tatsächlich gegessen. Die Alge ist sehr mineralreich und enthält viele Vitamine. Die Blätter sind übrigens sehr dünn und bestehen nur aus zwei Zellschichten.

Eigentlich wächst der Meersalat auf steinigem Boden oder an Hafenmauern unter der Wasserlinie. Hier hält sich der Meersalat mit einer kleinen Haftscheibe am Untergrund fest. Er treibt aber auch manchmal im Wasser und wird dann häufig ans Ufer gespült, oder du findest ihn auf den Wattflächen.

Der Meersalat wird 10 bis 80 cm lang.

Der Meersalat kommt ganzjährig am Meer vor, ist im Winter aber seltener.

Jan | Feb | Mär | Apr | Mai | Jun | Jul | Aug | Sep | Okt | Nov | De

Der Darmtang

Den komischen Namen verdankt die Grünalge ihrem schlauchförmigen Aussehen. Der Schlauch ist oft mit Luftblasen gefüllt. So steht er aufrecht im Wasser und damit näher am Licht. Die Röhrenwand ist extrem dünn, denn sie besteht nur aus einer Zellschicht. Eigentlich gibt es nicht nur einen Darmtang, sondern mehrere ähnliche Arten. Die meisten lassen sich aber nur unter dem Mikroskop unterscheiden. Die Röhre kann verschieden breit und auch verzweigt sein.

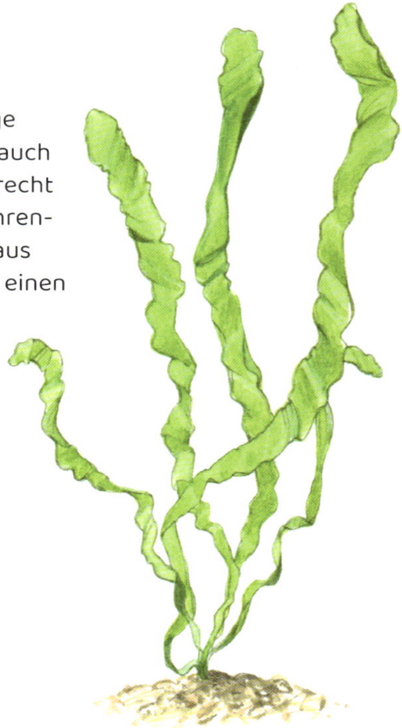

Erstaunlich!

Durch Stürme abgerissene Algen werden ans Ufer gespült und können dort dichte Algenmatten bilden. Bleibt eine Algenmatte länger auf dem Wattboden liegen, dringt nicht mehr genug Sauerstoff in den Boden. Der Boden unter der Matte wird schwärzlich und stinkt nach faulen Eiern (siehe Seite 93).

Der Darmtang ist die häufigste Grünalge in der Nord- und Ostsee. Er wächst im Flachwasser auf harten Untergründen. Größere Mengen an Darmtang oder Meersalat weisen darauf hin, dass über Bäche und Flüsse zu viel Dünger von den Feldern ins Meer gelangt.

Der Darmtang wird bis zu 50 cm lang.

Man kann den Darmtang ganzjährig am Spülsaum finden.

n | Feb | Mär | Apr | Mai | Jun | Jul | Aug | Sep | Okt | Nov | Dez

Der Blasentang

Seinen Namen trägt der Blasentang wegen der vielen luftgefüllten Blasen auf seinen blattartigen Verzweigungen. Sie sorgen dafür, dass die Pflanze aufrecht im Wasser steht und so optimal mit Licht versorgt wird. Diese Braunalge ist reich verzweigt wie ein kleiner Busch. Sie hält sich mit einer Haftscheibe auf Steinen, Felsen oder Mauern fest.

Schau genau!

Neben den Gasblasen bilden sich im Sommer noch warzige Bläschen mit einem glibberigen Inhalt. Sie enthalten die Geschlechtszellen. Durch kleine Poren werden diese ins Wasser abgegeben. So können sie die Nachbarpflanzen befruchten und neuen Tang bilden.

Der Blasentang wächst bevorzugt innerhalb der Gezeitenzone, das heißt, während der Ebbe liegt er auf dem Trockenen. Dann schützt er sich mit einer Schleimschicht gegen die Austrocknung. An der deutschen Nordseeküste findest du ihn an Hafenmauern oder auf der Felseninsel Helgoland. In der Ostsee wächst er auch in größeren Tiefen.

Der Darmtang wird bis zu 100 cm groß.

Der Blasentang kommt ganzjährig vor.

Jan | Feb | Mär | Apr | Mai | Jun | Jul | Aug | Sep | Okt | Nov | D

Der Sägetang

Auf dem ersten Blick sieht der Sägetang dem Blasentang sehr ähnlich, da er genauso gabelig verzweigt ist. Im Vergleich zum Blasentang fehlen dieser Braunalge die Bläschen an den Blättern. Außerdem ist der Blattrand nicht glatt, sondern wie eine Säge gezackt. Auf den Blättern kannst du weiße Pünktchen erkennen, bei genauerem Hinsehen siehst du feine Härchen.

Der Sägetang wächst im unteren Bereich der Gezeitenzone, da er nur kurzfristiges Trockenfallen verträgt. Er steht meist unterhalb des Blasentangs in Tiefen zwischen ein und fünf Metern. Er braucht einen festen Untergrund wie Felsen, Steine oder Hafenmauern.

Wichtig zu wissen!

Tange wachsen an der Nord- und der Ostseeküste. Sie bieten Lebensraum für viele andere Meeresbewohner wie beispielsweise Seepocken, Muscheln, Flohkrebse, Schnecken und Würmer.

Der Sägetang wird bis zu 100 cm groß.

Der Sägetang kommt ganzjährig vor.

n | Feb | Mär | Apr | Mai | Jun | Jul | Aug | Sep | Okt | Nov | Dez

Der Gabeltang

Der Gabeltang ist eine Rotalge. Neben rötlichen Exemplaren findest du aber auch schwarzbraune Pflanzen. Die Sprossen sind nur ein bis zwei Millimeter dick und in spitzen Winkeln verzweigt. Die Verzweigungen werden zur Spitze hin kürzer. Im Sommer findest du Pflanzen, die an den Spitzen hellbraune, schotenförmige Verdickungen haben. Das sind die Vermehrungskörper mit den Sporen.

Schau genau!

Der rote Farbstoff hilft der Alge, möglichst viel Sonnenlicht zu nutzen. So kommen in größeren Wassertiefen nur noch Rotalgen vor, wo andere Algen ohne den roten Farbstoff nicht mehr genügend Sonnenenergie aufnehmen können. Angespülte Rotalgen dagegen verlieren relativ bald ihre rötliche Farbe, denn durch das Sonnenlicht wird der rote Farbstoff schnell abgebaut. Deshalb sind Rotalgen, die nahe der Wasseroberfläche leben, auch meist nicht rot, sondern eher bräunlich.

Nach Stürmen findest du am Strand sicherlich auch den Gabeltang, denn er ist sehr häufig. Ansonsten musst du danach tauchen, da er in Tiefen zwischen zwei und 28 Metern vorkommt. Er wächst auf Felsen und auf anderen Algen.

Der Gabeltang wird bis zu 25 cm lang.

Der Gabeltang kommt ganzjährig vor.

Jan	Feb	Mär	Apr	Mai	Jun	Jul	Aug	Sep	Okt	Nov	D

Der Fingertang

Wie ein kleines Bäumchen ist der Fingertang in Wurzel, Stiel und Blatt aufgeteilt. Am Boden hält sich der Tang mit einer wurzelartigen Haftkralle fest. Dann folgt ein kurzer Stiel mit dem circa 50 Zentimeter breiten Blatt (Thallus), das wie eine Hand in viele lange Finger geschlitzt ist. Der Fingertang gehört zu den Braunalgen.

Schau genau!

Braunalgen sind zu richtigen Nutzpflanzen geworden. Auch du hast schon viele Dinge benutzt oder gegessen, in denen Fingertang enthalten ist. Denn aus den Algen werden Alginate (Schleimstoffe) gewonnen und als Stabilisator genutzt. Der wird zum Beispiel für Pudding, Ketchup, Eis oder für Zahncreme gebraucht. Früher wurden die Braunalgen auch als Dünger auf den Feldern ausgebracht.

Der Fingertang braucht einen festen Untergrund. Er wächst knapp unterhalb der Wasserlinie, aber auch noch in sechs Meter Tiefe. Meist findest du ihn angeschwemmt an der Küste, wenn er bei starken Stürmen vom Untergrund abgerissen wurde.

Der Fingertang wird bis zu 200 cm lang.

Du kannst den Fingertang ganzjährig entdecken.

n Feb Mär Apr Mai Jun Jul Aug Sep Okt Nov Dez

Das Blättermoostierchen

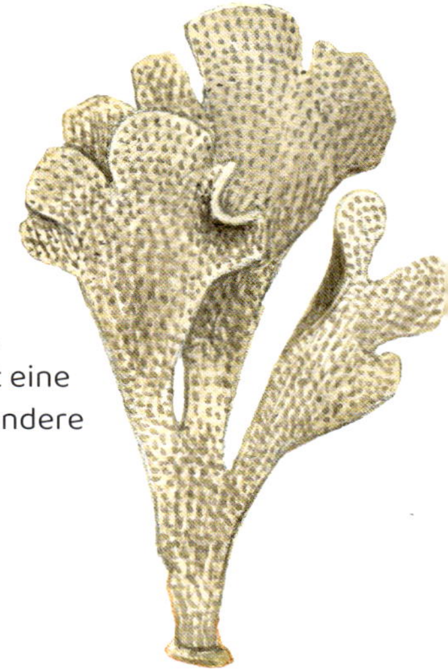

Es sieht aus wie ein Büschel angespülter Tang, das Blättermoostierchen. Man muss schon sehr genau hinschauen, um zu erkennen, dass es sich nicht um eine Pflanze handelt, sondern um eine Kolonie aus tausenden von winzigen Tieren. Wie bei einer Bienenwabe bestehen die „Blätter" aus einer doppelten Schicht von Zellen. In jeder Kammer sitzt ein Moostierchen und hält eine kleine Tentakelkrone ins Wasser, die Algen und andere Nahrung aus dem Wasser herausfiltert.

Eine Blättermoostierchen-Kolonie

Die Kolonien der Blättermoostierchen sitzen auf Steinen, Muschelschalen oder anderem festen Untergrund im Flachwasser der Küsten. In der Ostsee kommt das Blättermoostierchen nur im westlichen Teil vor.

Schau genau!

Auf einer Fläche von rund neun mal neun Zentimetern (in etwa so groß wie ein Pixi-Buch) leben circa eine Million Moostierchen. Du brauchst eine Lupe, um das zu erkennen. Die Tierchen können sich wie eine Pflanze auch durch Knospung vermehren. Dann bilden sie etwa alle vier Tage eine neue Kammer. Ist ein Moostierchen gestorben, wird die leere Kammer durch die Knospung einer Nachbarzelle ersetzt.

Das Blättermoostierchen wird rund 20 cm groß.

Das Blättermoostierchen ist ganzjährig am Meer zu Hause.

Jan | Feb | Mär | Apr | Mai | Jun | Jul | Aug | Sep | Okt | Nov

Die Flache Seerinde

Auf den ersten Blick sieht die Flache Seerinde aus wie eine weißliche Krustenflechte an Land. Doch die Flache Seerinde gehört in die Gruppe der Tiere. Schaust du genauer hin, erkennst du lauter rechteckige Zellen, die wie eine Mauer aufgebaut sind. In jeder dieser Zellen sitzt ein Einzeltier. Die Flache Seerinde ist also eine Kolonie aus tausenden oder Millionen von Einzeltieren.

Mach mit!

Such eine kleine lebende Kolonie und setze sie vorsichtig in ein Glas. Mit einer Lupe kannst du dann vielleicht den Tentakelkranz erkennen, der aus jedem einzelnen Gehäuse ragt und den jedes Tierchen besitzt. Damit filtern sie kleine Algen und Plankton aus dem Wasser. Ihre größten Feinde sind Schnecken.

Flache Seerinde durch die Lupe betrachtet

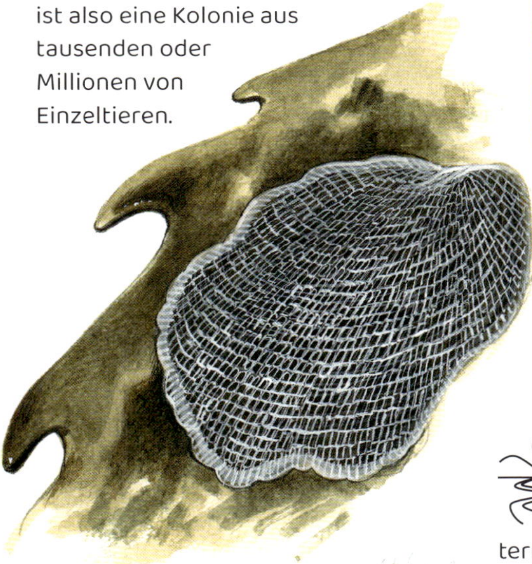

In jeder Zelle sitzt ein Moostierchen.

Tentakelkranz

Oft findest du die Flache Seerinde an angespülten Tangblättern, Muscheln, Steinen oder anderen festen Oberflächen. Am Strand stirbt die Kolonie schnell ab. Sie lebt unterhalb der Niedrigwasserlinie in der Nordsee und der westlichen Ostsee.

Die Flache Seerinde wächst in einer Länge von bis zu 100 cm.

Die Flache Seerinde kommt ganzjährig vor.

n Feb Mär Apr Mai Jun Jul Aug Sep Okt Nov Dez

Das Seegras

Die einzige Blütenpflanze an unserer Küste, die im Salzwasser wächst, ist das Seegras. Ein richtiges Gras ist es aber nicht, es hat nur grasartige Blätter. Die Blüten sind sehr unauffällig. Sie haben keine bunten Blütenblätter, sondern nur ein Staubblatt und bestäuben sich unter Wasser.

Wichtig zu wissen!

Seegraswiesen sind besonders für viele Fische wichtig: Für den Hering zum Beispiel sind sie eine Art Kinderstube, weil sich die Jungfische im Seegras prima verstecken können. Leider ist das Seegras aufgrund von trüber gewordenem Wasser und einer Pilzkrankheit stark zurückgegangen. Früher wurden im Herbst so große Mengen angespült, dass man damit Dächer gedeckt oder Matratzen gepolstert hat.

Das Seegras verbreitet sich vor allem durch seine Ausläufer.

Das Seegras wächst auf Schlick und schlickigen Sandböden im Flachwasserbereich. In geschützten Buchten und in klarem Wasser findest du es auch in größerer Tiefe.

Das Seegras wird bis zu 100 cm lang.

Das Seegras blüht von Juni bis Oktober.

Jan | Feb | Mär | Apr | Mai | Jun | Jul | Aug | Sep | Okt | Nov

Der Queller

Der Stängel und die zu Schuppen reduzierten Blätter des Quellers sind grün und dick. Das schwammige Aussehen liegt am Salzwasser. Denn der Queller versucht, das für Pflanzen giftige Salz in seinen Zellen durch die Aufnahme von Wasser zu verdünnen. So werden die Blätter immer dicker. Im Herbst ist der Salzgehalt in den Zellen so hoch, dass die Pflanze abstirbt. Dann färbt sich der Queller rostrot.

Wie ein kleiner, verzweigter Kaktus steht der Queller an der Küste.

Der Queller im Herbst

Der Queller wagt sich weit ins Salzwasser vor und wächst schon an Stellen, die täglich von Salzwasser überspült werden. Da kann er große Flächen bedecken und trägt zur Verlandung der Küste bei, weil sich dazwischen Sand ablagert.

Wichtig zu wissen!

Kohlenstoffdioxid ist das bekannteste Treibhausgas. Forschende haben festgestellt, dass durch die Pflanzen der Salzwiesen, wie der Queller, sehr viel Kohlenstoffdioxid aus der Luft gebunden wird. Salzwiesen tragen so ganz natürlich zum Klimaschutz bei.

Der Queller wird bis zu 45 cm hoch.

Der Queller kommt von April bis Oktober vor.

Feb | Mär | Apr | Mai | Jun | Jul | Aug | Sep | Okt | Nov | Dez

Der Strand-Dreizack

Auf den ersten Blick sieht der Strand-Dreizack einer Binse oder dem Schnittlauch ähnlich. Er wächst in dichten Büscheln. Stängel und Blätter sind lang, dünn und leicht dickfleischig. Auffälliger ist der Blütenstand. Die im Juli erscheinenden, rispenartigen Blütenstiele tragen 50 bis 100 kugelige, rötlich-grüne Einzelblüten. Zerreibst du ein Blatt zwischen den Fingern, riecht es ein bisschen nach Chlor.

Erstaunlich!

An der Nordseeküste heißt die Pflanze auch Röhrkohl und wird dort als Frühjahrsgemüse gegessen. Das Gemüse muss aber lange gekocht werden, damit der Chlorgeschmack weggeht. Da der Strand-Dreizack viel Soda enthält, wurde die aus ihm gewonnene Asche früher für die Glasherstellung genutzt. Soda setzt die Schmelztemperatur des Glases herab und spart so ein bisschen Energie.

Der Strand-Dreizack steht häufig auf Salzwiesen und dort gerne auf besonders schlickigen Böden. Er wächst auf der gesamten Nordhalbkugel und im Süden von Südamerika.

Der Strand-Dreizack wird bis zu 50 cm hoch.

Der Strand-Dreizack kommt ganzjährig vor.

Jan | Feb | Mär | Apr | Mai | Jun | Jul | Aug | Sep | Okt | Nov

Das Schlickgras

Mit seinen kräftigen Stängeln und starren Blättern ist das Schlickgras eine sehr robuste Pflanze. Das muss sie auch sein, denn ständige Überflutungen dürfen ihr nichts ausmachen. Die Wurzeln reichen sehr tief und bilden lange Ausläufer.

Erstaunlich!

Das Schlickgras ist eine recht spät entstandene Grasart. Es hat sich erst vor circa 140 Jahren entwickelt, und zwar aus einer Kreuzung von zwei anderen Grasarten. Weil es besonders robust ist, wurde es 1927 sogar im Watt angepflanzt, um die Landgewinnung zu beschleunigen. Heutzutage wäre man das Schlickgras lieber wieder los, da es viele andere Arten verdrängt.

Vorsicht! Die gerippten Blätter können sehr scharfkantig sein, Schnittgefahr! Im Spätsommer bilden sich 10 bis 25 Zentimeter lange, gelbliche Blütenähren.

Das Schlickgras wächst auf den höher gelegenen Wattflächen als dichtes Pflanzenbüschel. Im Bereich der Salzwiesen oder in ruhigen Buchten kann es aber auch große Flächen bedecken. An der Ostsee kommt das Schlickgras nicht vor.

Das Schlickgras wird rund 130 cm hoch.

Das Schlickgras blüht von Juli bis September.

Feb | Mär | Apr | Mai | Jun | Jul | Aug | Sep | Okt | Nov | Dez

Der Meersenf

Der Meersenf gehört zu den Kreuzblütlern. Die erkennst du leicht an ihren vier kreuzförmig angeordneten Blütenblättern. Beim Meersenf sind die duftenden Blüten rosa, hellviolett oder weiß. Die Pflanze ist oft reich verzweigt wie ein kleiner Busch. Die dicken Blätter sind sehr unterschiedlich, von ungeteilt bis tief eingeschnitten.

tief eingeschnittenes Blatt

Samenschote

Wichtig zu wissen!

Die Samenschoten des Meersenfs haben ein lufthaltiges Gewebe. Daher können sie lange im Wasser treiben und weite Strecken im Meer zurücklegen. So sind sie imstande, neue Gebiete an der Küste zu erobern. Ein Teil des Pflanzensafts wird in der Kosmetik für Hautpflegemittel benutzt.

Den Meersenf findest du meist im Spülsaum auf sandigen Böden. Dank der vielen angespülten Algen hat er dort genug Nährstoffe zum Wachsen. Er kommt an den Küsten von Nord- und Ostsee vor.

Der Meersenf wird bis zu 40 cm hoch.

Der Meersenf blüht von Juli bis Oktober.

Jan | Feb | Mär | Apr | Mai | Jun | **Jul** | **Aug** | **Sep** | **Okt** | Nov

Das Strand-Milchkraut

Mit seinen kleinen rosafarbenen, glockenförmigen Blüten ist das Milchkraut ein verbreiteter Frühlingsblüher. Wenn du genau hinschaust, erkennst du, dass die Blüten gar keine Blütenblätter haben. Was wie rosa Blütenblätter aussieht, sind die Kelchblätter. Die Stängel kriechen über den Boden oder sind nur leicht aufgerichtet.

Erstaunlich!

Früher glaubten die Leute, dass die Pflanze die Milchleistung ihrer Schafe und Kühe erhöhen würde. Deshalb wurde sie Milchkraut genannt. Heutige Untersuchungen haben aber gezeigt, dass keine milchfördernden Stoffe in der Pflanze enthalten sind. Sie ist höchstens etwas nahrhafter als viele der anderen Salzwiesenpflanzen und gibt dem Vieh mehr Energie.

Das Strand-Milchkraut wächst an den Küsten von Nord- und Ostsee. Du findest es an Stellen, die nur selten überflutet werden. Der Boden muss aber etwas feucht sein.

Das Strand-Milchkraut wird bis zu 20 cm hoch.

Das Strand-Milchkraut blüht von Mai bis August.

Feb	Mär	Apr	Mai	Jun	Jul	Aug	Sep	Okt	Nov	Dez

Die Strand-Salzmelde

Der kleine Strauch ist der einzige in der Salzwiese, der die Winterstürme und den Wellenschlag übersteht. An den fleischigen, immergrünen gräulichen Blättern ist die Strand-Salzmelde schon von Weitem gut zu erkennen. Die Blüten bilden kleine, unauffällige grünlich gelbe Trauben.

Schau genau!

Die Strand-Salzmelde hat eine besondere Möglichkeit entwickelt, das schädliche Salz wieder loszuwerden. In den winzigen Härchen, die du auf der Blattoberfläche erkennst (Lupe), wird das Salz eingelagert und die Härchen dann abgeworfen. Die Blätter sind übrigens essbar. Sie schmecken etwas salzig und ähnlich wie der Gemüse-Portulak. Daher nennt man sie auch Portulak-Keilmelde.

An Gräben und den Rändern von Prielen, also Wassergräben in den Salzwiesen, wächst die Strand-Salzmelde besonders gerne. Auch auf sandigen Böden ist sie zu finden. Sind die Salzwiesen von Schafen beweidet, steht sie nur noch an Stellen, an die die Schafe nicht hinkommen. Sie wächst nicht an der Ostsee.

Die Strand-Salzmelde wird bis zu 100 cm hoch.

Die Strand-Salzmelde blüht von Juli bis September.

Jan	Feb	Mär	Apr	Mai	Jun	Jul	Aug	Sep	Okt	Nov

Der Strand-Beifuß

Der Strand-Beifuß fällt sofort durch seine silbrige, weißfilzige Behaarung auf. Sie hebt ihn farblich von den anderen Pflanzen deutlich ab. Die dicklichen Blätter sind stark geteilt wie eine Feder. Eher unscheinbar sind die Blütenköpfchen, allerdings verströmt die Pflanze einen sehr aromatischen Duft. Probier es aus und zerreibe ein Blättchen zwischen den Fingern!

Strand-Beifuß kann dichte Bestände bilden.

Den Strand-Beifuß findet man in den Salzwiesen von Nord- und Ostsee. Er steht gerne an Priel- und Grabenrändern.

Schau genau!

Die weiße Behaarung wirkt wie ein Sonnenschutz und verhindert, dass die Pflanze zu viel Wasser verbraucht. Die Haare reflektieren den größten Teil der Sonnenstrahlen und auch der Wind kann nicht so viel Wasser verdunsten. So braucht die Pflanze weniger Wasser. Der aromatische Strand-Beifuß wird auch als Heilpflanze genutzt. Die Blätter schmecken bitter und helfen zum Beispiel als Tee bei Magenbeschwerden.

Der Strand-Beifuß wird bis zu 80 cm hoch.

Der Strand-Beifuß blüht von August bis Oktober.

Feb | Mär | Apr | Mai | Jun | Jul | Aug | Sep | Okt | Nov | Dez

Die Strand-Aster

Wie beim Gänseblümchen besteht die Blüte bei der Strand-Aster aus vielen kleinen gelben Einzelblüten in der Mitte. Sie bilden ein Körbchen. Außen herum formen lange, blauviolette Einzelblüten einen Kranz.

Wichtig zu wissen!

Die Blätter der Strand-Aster schmecken nicht nur dem Vieh und vielen Insekten gut, sie können auch vom Menschen als Gemüse gegessen werden. Dabei sollte man darauf achten, nicht die unteren Blätter zu nehmen, denn hier lagert die Strand-Aster das meiste Salz ein. Wird die Salzkonzentration zu hoch, wirft sie die Blätter ab und wird so das schädliche Salz los.

Die Strand-Aster steht in den Salzwiesen der Nord- und Ostsee. Sie wächst knapp über der Hochwasserlinie und kann viele Überflutungen mit Salzwasser ertragen.

Die Strand-Aster wird 15 bis 70 cm hoch.

Die Strand-Aster blüht von Juli bis September.

Jan | Feb | Mär | Apr | Mai | Jun | Jul | Aug | Sep | Okt | Nov

Der Strandflieder

Der Strandflieder wird auch Halligflieder genannt. Die Blütenstände sind stark verzweigt und bestehen aus vielen kleinen violetten Einzelblüten. Im Spätsommer können sie große Flächen in der Salzwiese lila färben. Die lederigen, länglich ovalen Blätter bilden am Grund eine Rosette, das heißt, die Blätter entspringen alle etwa auf der gleichen Höhe.

Strandflieder auf einer Salzwiese

Schau genau!

Der Strandflieder hat wieder eine andere Methode, um das schädliche Salz aus seinen Blättern loszuwerden. Er hat viele winzige Drüsen auf der Blattoberfläche, über die er das Salz ausscheiden kann. An sonnigen Tagen kannst du mit einer Lupe sogar die kleinen Salzkristalle auf den Blättern erkennen.

Aufgrund seiner schönen Blüten wurde der Strandflieder früher gerne gepflückt und war sehr selten. Dank der Nationalparks an der Nordseeküste findest du ihn wieder in großen Beständen auf den Salzwiesen. An der Ostseeküste ist er viel seltener.

Der Strandflieder wird 20 bis 50 cm hoch.

Der Strandflieder blüht im August und September.

Feb | Mär | Apr | Mai | Jun | Jul | Aug | Sep | Okt | Nov | Dez

Die Strand-Grasnelke

Hätte die Strand-Grasnelke nicht ein so schön rosa blühendes Blütenköpfchen, würde sie kaum auffallen. Die dünnen, schmalen Blätter sehen nämlich aus wie Gras. Daher auch der Name. Die Strand-Grasnelke bildet dichte Pflanzenbüschel oder wie ein Moos undurchdringliche Polster. Besonders im Mai zeigen sich die Blüten.

Wichtig zu wissen!

Von der Strand-Grasnelke gibt es auch Varianten, die im Binnenland wachsen. Dort stehen sie am Straßenrand, wo im Winter viel Salz gestreut wird, oder wachsen auf mit Schwermetallen belasteten Böden, auf denen sonst kaum etwas anderes gedeiht. Die Strand-Grasnelke kann die Schwermetalle unschädlich machen und in den Blättern einlagern.

Die Strand-Grasnelke wächst nicht nur auf den Salzwiesen, sondern auch auf Dünen oder in Ritzen an der Felsküste. Auch das Abgrasen von Schafen verträgt sie sehr gut, die Blütenstände sind dann meist etwas kürzer als normal.

Die Strand-Grasnelke wird rund 30 cm hoch.

Die Strand-Grasnelke blüht von Mai bis September.

Jan | Feb | Mär | Apr | Mai | Jun | Jul | Aug | Sep | Okt | Nov | D

Der Strandfloh

Im Spülsaum findest du leicht den Strandfloh. Dafür musst du nur ein paar Algenbüschel oder Holzstücke beiseitelegen, denn da verstecken sich die nachtaktiven Tiere tagsüber. Strandflöhe sind sandfarben mit dunklen Augen und einem gekrümmten Rücken. Der Körper ist seitlich zusammengedrückt. Bis zu 30 Zentimeter weit kann der Strandfloh springen. Doch mit Flöhen ist er nicht verwandt, er gehört in die Gruppe der Krebse.

Wichtig zu wissen!

Obwohl er so klein ist und sich tagsüber im Sand vergräbt, ist er ziemlich empfindlich, was Touristen und Strandspaziergänger betrifft. Strände, an denen viel los ist, meidet der Strandfloh. Willst du einen Strandfloh finden, solltest du also lieber einsame Strände mit vielen Algen und Tang aufsuchen.

Der Strandfloh lebt auf Sandstränden im Bereich des Spülsaums, wo er sich tagsüber im Sand eingräbt oder unter Tang und anderen angespülten Dingen versteckt. Er kommt an der Nordsee sowie an der Ostsee bis Litauen vor.

Der Strandfloh wird bis zu 2,5 cm lang.

Der Strandfloh ist vor allem zwischen April und Oktober zu sehen.

Feb	Mär	Apr	Ma	Jun	Jul	Aug	Sep	Okt	Nov	Dez

Die Seepocke

Bis vor 100 Jahren hielt man Seepocken für Muscheln. Heute weiß man, dass sie zur Familie der Krebse gehören. Die kegelförmige Schale wird aus sechs weißen Kalkplatten gebildet. Zwei weitere Kalkplatten verschließen die obere Öffnung. Nur unter Wasser strecken Seepocken ihre gefiederten Fangarme wie einen Fächer aus. Damit filtern sie ihre Nahrung (Plankton) aus dem Wasser.

Wichtig zu wissen!

Auch Schiffsrümpfe bieten einen prima Untergrund, um sich festzuheften. Das freut die Schiffsbesitzer gar nicht, denn der Schiffsrumpf wird dadurch rau und die Schiffe verbrauchen viel mehr Treibstoff. Früher wurden die Schiffe mit sehr giftigen Farben angestrichen, damit sich keine Seepocke festsetzen konnte. Heute versucht man es mit Farben, die umweltfreundlicher sind.

Die Seepocke lebt im Bereich von Ebbe und Flut. Sie kann also auch längere Zeiten ohne Wasser gut überstehen. Hier heftet sie sich an alles, was einen festen Untergrund bietet: Steine, Muschelschalen, Pfähle oder sogar andere Krebse. Sie lebt im Atlantik, in der Nordsee und der westlichen Ostsee.

Die Seepocke wird etwa 1,5 cm breit.

Die Seepocke ist ganzjährig am Meer zu Hause.

Jan | Feb | Mär | Apr | Mai | Jun | Jul | Aug | Sep | Okt | Nov

Die Nordseegarnele

Viele kennen die Nordseegarnele, auch Nordseekrabbe genannt, nur vom Krabbenbrötchen. Doch Krabben sind eher rundliche Krebse mit großen Scheren. Die Nordseegarnele ist dagegen schmal und lang gestreckt, hat kleine Scheren und zwei lange Fühler bzw. Antennen. Am Hinterende sitzt ein lappiger Schwanzfächer. Sie ist sandgrau.

Die Nordseegarnele lebt im Mittelmeer, im Atlantik, in der Nordsee und der westlichen Ostsee. Sie schwimmt meist in Küstennähe und hält sich im Flachwasserbereich mit sandigem oder schlickigem Boden auf. Mit einem Kescher kannst du sie bei Ebbe leicht in einem Priel fangen und später wieder zurück ins Meer entlassen.

Mach mit!

Versuch ein paar Garnelen mit dem Kescher zu fangen. Nun nimm mehrere Eimer oder Gläser und füll sie mit unterschiedlichen Sachen, zum Beispiel mit Sand, größeren Steinen oder farbigen Muschelschalen. Am Anfang fallen die Garnelen noch auf, weil sie sich vom andersfarbigen Untergrund abheben. Aber mit der Zeit können sie sich dem Untergrund farblich anpassen und sind so wieder gut getarnt.

Nordseegarnele: Männchen bis 6 cm, Weibchen bis 9 cm lang.

Die Nordseegarnele kommt ganzjährig vor, im Winter in tieferem Gewässer.

Die Ruderkrabbe

Die Ruderkrabbe wird auch Schwimmkrabbe genannt. Sie sieht der Strandkrabbe recht ähnlich. Doch ein Blick auf die Hinterbeine verrät sofort, wen du vor dir hast, denn die letzten Segmente der Hinterbeine sind paddelartig verbreitert. Damit kann sie recht zielstrebig durchs Wasser schwimmen. Die Farbe des Panzers ist Graubraun bis Rosa.

Mach mit!

Ihre paddelförmigen Hinterbeine benutzt die Ruderkrabbe nicht wie ein Ruder, sondern lässt ihre Paddelfüße wie einen Propeller über ihren Panzer kreisen. Diese Schwimmbewegung macht sie auch, wenn du sie vorsichtig an den Scheren festhältst. Doch nimm dich vor ihren Scheren in Acht. Sie sind noch spitzer und dorniger als die der Strandkrabbe und können auch die Haut durchbohren.

Da die Ruderkrabbe sehr salziges Wasser braucht, kommt sie nur in der Nordsee und dem Kattegat vor. Im Winter hält sie sich in größerer Wassertiefe am Meeresgrund auf. Im Frühling wandert sie in flachere Bereiche, manchmal bis in die Wattpriele. Am Strand siehst du meist nur leere Panzer.

Die Ruderkrabbe wird bis zu 5,5 cm breit.

Die Ruderkrabbe kommt ganzjährig vor.

Jan | Feb | Mär | Apr | Mai | Jun | Jul | Aug | Sep | Okt | Nov | D

Die Strandkrabbe

Der harte, gezackte Rückenpanzer hat die Form eines Fünfecks. Mit ihren fünf Beinpaaren rennt sie flink seitwärts über den Boden. Vier der Beinpaare sind zum Laufen da; das erste Beinpaar besteht aus zwei gefährlichen Scheren. Mit der größeren linken Schere kann sie Schnecken oder Muscheln knacken, die kleinere rechte Schere dient zum Zerkleinern und Fressen ihrer Beute. Die Körperoberseite ist meist grünlich oder bräunlich gefärbt, die Unterseite ist dagegen leuchtend orangegelb.

Schau genau!

Um zu wachsen, muss sich die Strandkrabbe regelmäßig häuten. Ungefähr einmal im Jahr verlässt sie ihren alten starren Panzer. Die leeren Panzer findest du häufig am Strand. Dank der Häutungen kann sie auch ein abgebrochenes Bein nach und nach wieder ersetzen.

Die Strandkrabbe bewegt sich seitwärts.

Die Strandkrabbe kommt in der Nordsee und im Atlantik von Norwegen bis Marokko vor, in der westlichen Ostsee bis Rügen. Sie lebt auf sandigen und felsigen Böden.

Die Strandkrabbe wird 8 cm breit und 6 cm lang.

Die Strandkrabbe kommt ganzjährig vor, im Winter aber in tieferem Gewässer.

n | Feb | Mär | Apr | Mai | Jun | Jul | Aug | Sep | Okt | Nov | Dez

Der Schlickkrebs

Der häufigste Krebs in der Nord- und Ostsee ist der Schlickkrebs. Zu tausenden leben die Winzlinge im Boden. Die braungrauen Krebse erkennst du gut an ihren zwei Antennen, die fast so lang sind wie ihr Körper. Sie leben in einer u-förmigen Röhre, die bis zu zehn Zentimeter tief in den Boden reicht. Bei Flut kommen sie an die Oberfläche und kratzen mit ihren Antennen Nahrungspartikel zu ihrer Röhre hin. Dabei entstehen kleine sternförmige Kratzspuren wie unten auf dem Foto zu sehen.

Wie der Name schon sagt, bevorzugen Schlickkrebse schlickige Böden. Sie kommen aber auch in großer Menge in feinen Sandböden vor. Sie leben sowohl in der Gezeitenzone als auch in tieferem Gewässer.

Mach mit!

Um einen Schlickkrebs anzuschauen, musst du ihn ausgraben. Dafür brauchst du eine Schaufel und ein feines Sieb. Wenn du vorsichtig den Wattboden absichst, entdeckst du vielleicht auch ihre u-förmigen Wohnröhren. Schlickkrebse kannst du auch hören. Sie erzeugen das sogenannte Wattknister, wenn der Wasserfilm zwischen ihren Antennen platzt.

Der Schlickkrebs wird maximal 1 cm lang.

Der Schlickkrebs ist ganzjährig zu finden, im Winter allerdings tiefer im Boden.

Jan | Feb | Mär | Apr | Mai | Jun | Jul | Aug | Sep | Okt | Nov | D

Der Einsiedlerkrebs

Wenn du am Strand ein Schneckenhaus komisch über den Boden kriechen siehst, steckt vielleicht ein Einsiedlerkrebs darin. Denn beim Einsiedler sind nur der Kopf und die Brust von einem harten Panzer geschützt, der Hinterkörper ist dagegen ganz weich. Um sich zu schützen, zieht er in ein leeres Schneckenhaus ein. Bei Gefahr kann der Einsiedler ganz im Schneckenhaus verschwinden und mit seiner kräftigen rechten Schere den Eingang verschließen.

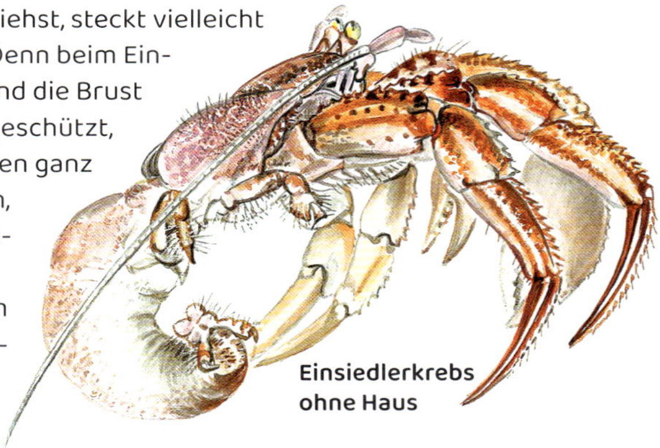

Einsiedlerkrebs ohne Haus

Erstaunlich!

Wächst der Einsiedlerkrebs, wird ihm sein Schneckenhaus irgendwann zu klein und er muss sich ein größeres suchen. Hat er ein passendes gefunden, wechselt er innerhalb von Sekunden das Gehäuse. Die ausgewachsenen Einsiedler wohnen häufig in großen Wellhornschneckenhäusern. Sie leben dann im tieferen Wasser. Am Strand findest du daher die Einsiedler eher in den Gehäusen der kleineren Strandschnecke.

Der Einsiedlerkrebs lebt unterhalb der Niedrigwasserlinie auf sandigem oder felsigem Untergrund. Am ehesten findest du ihn in Prielen oder Gezeitentümpeln. Er lebt im Atlantik, im Mittelmeer, in der Nordsee und westlichen Ostsee.

Der Einsiedlerkrebs wird bis zu 10 cm lang.

Der Einsiedlerkrebs kommt ganzjährig vor.

Feb | Mär | Apr | Mai | Jun | Jul | Aug | Sep | Okt | Nov | Dez

Der Seestern

An seinen fünf dicken Armen kannst du den Seestern leicht erkennen. Die sogenannte Körperscheibe in der Mitte mit dem Mund ist relativ klein. Die Oberfläche trägt kurze Stacheln und fühlt sich wie Schmirgelpapier an. Auf der Unterseite der Arme sitzen vier Reihen mit Füßchen, die kleine Saugnäpfe tragen. Seine Farbe ist sehr unterschiedlich: meist orangebraun, aber auch hellgelb, violett, grünlich oder fast schwarz.

Erstaunlich!

Auf der Speisekarte des Seesterns stehen Miesmuscheln ganz oben. Um sie zu öffnen, braucht der Seestern viel Ausdauer. Mit seinen Armen und Saugfüßchen heftet er sich an die Schalenklappen und zieht sie auseinander. Das kann oft mehrere Stunden dauern, bis der Miesmuschel die Kraft ausgeht.

Miesmuschel

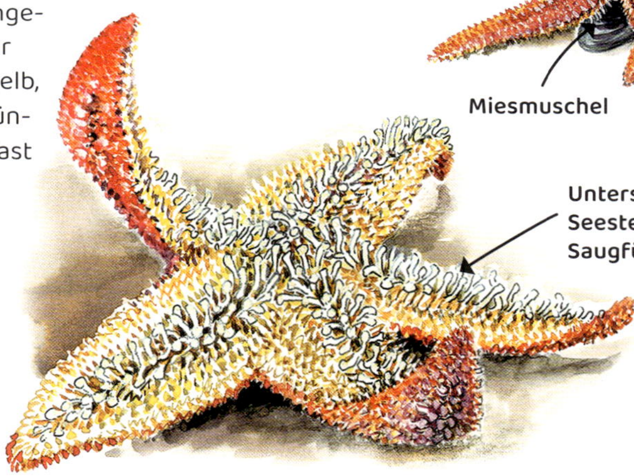

Unterseite des Seesterns mit Saugfüßchen

Der Seestern lebt unterhalb der Niedrigwasserlinie bis in 200 Meter Tiefe – meist auf Felsen, steinigem Sandgrund oder Miesmuschelbänken. Seesterne leben im Atlantik und in der Nordsee. In der westlichen Ostsee kommt er bis Bornholm vor.

Der Seestern wird circa 30 cm groß.

Der Seestern kommt ganzjährig vor.

Jan | Feb | Mär | Apr | Mai | Jun | Jul | Aug | Sep | Okt | Nov | D

Der Kleine Strandseeigel

Meist findest du nur die leeren Schalen des Kleinen Strandseeigels am Strand. Die Schale ist rund und abgeflacht, mit einer großen runden Öffnung auf der Unterseite und einer kleineren Öffnung oben. Die niedrigen Höcker auf der Oberfläche sind die Stellen, an denen beim lebenden Seeigel die kurzen, kräftigen Stacheln sitzen. Die Stacheln haben oft rosa oder lila Spitzen. Ansonsten ist der Strandseeigel eher grünlich bis bräunlich.

Unterhalb der Niedrigwasserlinie bis in 30 Meter Tiefe lebt der Strandseeigel auf Felsen, Steinen, Hafenmauern und in Seegraswiesen. Hier grast er die Algen vom Untergrund ab. Er kommt im Atlantik, in der Nordsee und der westlichen Ostsee vor.

Mach mit!

Mit der leeren Schale eines Seeigels kannst du ein kleines Experiment durchführen, um den eindrucksvollen Bau und die Struktur des Gehäuses zu erkennen. Dafür leuchtest du im Dunkeln mit einer kleinen Taschenlampe in die untere Öffnung des Seeigels hinein. Siehst du die Verstrebungen im Inneren?

Der Kleine Strandseeigel wird rund 4,5 cm groß.

Der Kleine Strandseeigel kommt ganzjährig vor, im Winter in tieferem Gewässer.

Feb Mär Apr Mai Jun Jul Aug Sep Okt Nov Dez

Die Herzmuschel

Schau dir eine geschlossene Herzmuschel von der Seite an, dann erkennst du ihren herzförmigen Umriss, dem sie ihren Namen verdankt. Die Muscheloberfläche ist von vielen tiefen Rillen beziehungsweise Rippen überzogen.

Wichtig zu wissen!

In einigen Ländern ist es noch erlaubt, nach Herzmuscheln zu fischen. Dafür wird mit einem schweren Netz der Meeresboden durchgepflügt. Leider werden dabei auch die anderen Tiere im Boden geschädigt. Außerdem fehlt dann vielen Vogel- und Fischarten eine wichtige Nahrungsquelle. Denn Austernfischer oder Knutts fressen am Tag hunderte von kleinen Muscheln.

Die Farbe der Schale variiert von weiß über schmutziggelb bis bräunlich.

Sie lebt circa ein bis zwei Zentimeter im Sand vergraben und ist wahrscheinlich die häufigste Muschel an der Küste (bis zu tausend Herzmuscheln auf einem Quadratmeter Wattboden).

Die Herzmuschel wird bis zu 5 cm groß.

Die Herzmuschel kannst du ganzjährig am Strand finden.

Jan | Feb | Mär | Apr | Mai | Jun | Jul | Aug | Sep | Okt | Nov

Die Miesmuschel

An der blauschwarzen Farbe und der länglich dreieckigen Form erkennst du die Miesmuschel. Die Innenseite der Schale schimmert schön perlmuttfarben. Im Gegensatz zu den meisten anderen Muscheln lebt sie nicht im Sand, sondern heftet sich mit extrem klebrigen Fäden, sogenannten Byssusfäden, an Steinen oder anderen Miesmuscheln fest.

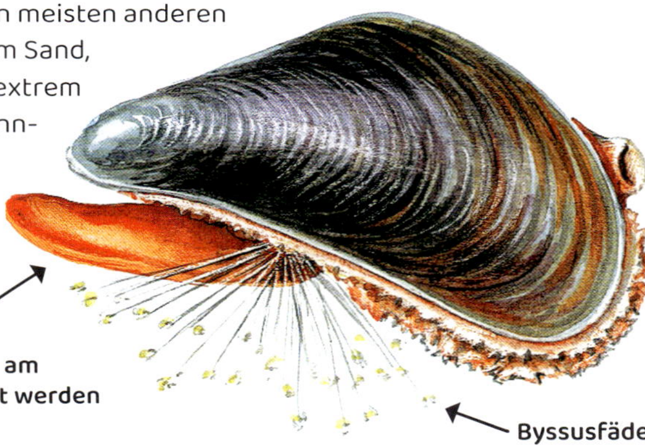

Fuß, mit dem die Fäden am Untergrund festgeklebt werden

Byssusfäden

Die Miesmuschel lebt von der Gezeitenzone bis in mehrere Meter Wassertiefe. Auf dem Wattboden bildet sie große Miesmuschelbänke. Millionen von Miesmuscheln heften sich dann aneinander fest. Diese Muschelbänke sind als lebendige Riffe ein vielfältiger Lebensraum für viele weitere Arten wie Würmer, Krebse und Fische. Durch Schadstoffe im Wasser und die Schleppnetzfischerei sind diese Riffe heute stark gefährdet.

Erstaunlich!

Einen Liter Wasser kann eine große Miesmuschel in der Stunde filtern. Sie gilt als eine Art Kläranlage der Nordsee. Abgesehen von Schadstoffen filtern sie auch giftige Algen aus dem Wasser, was bei Verzehr zu einer Muschelvergiftung führen kann. Deshalb darf man Miesmuscheln nur zu bestimmten Jahreszeiten essen.

Die Miesmuschel wird bis zu 10 cm groß.

Die Miesmuschel kommt ganzjährig vor.

Feb Mär Apr Mai Jun Jul Aug Sep Okt Nov Dez

Das Sägezähnchen

Das Sägezähnchen wird auch gebänderte Dreiecksmuschel genannt. Die flache, feste Schale ist auf der Außenseite meist gelblich braun, mit feinen Rippen. Die Innenseite ist dagegen glatt und schimmert in lila bis weißlichen Farbtönen. Der untere Rand der länglich dreieckigen Schale ist fein gesägt, daher kommt auch der Name Sägezähnchen.

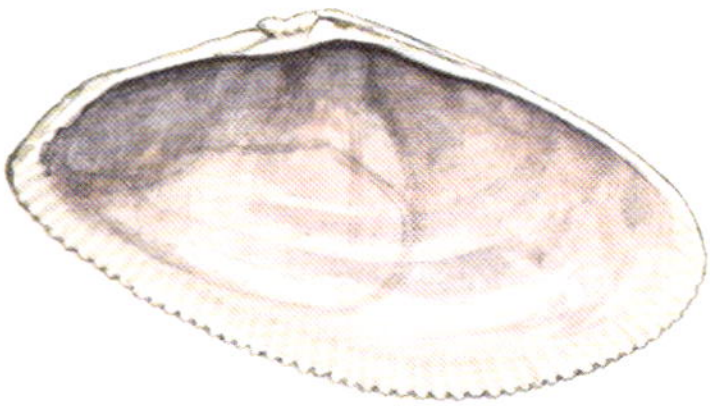

Schau genau!

Da das Sägezähnchen gerne in strömungsreichen Gebieten lebt, läuft es oft Gefahr, freigespült zu werden. Damit es dann nicht weggespült oder gleich von einem Feind gefressen wird, muss es sich schnell wieder eingraben. In dieser Disziplin gehört es zu den schnellsten Muscheln, denn in nur vier bis fünf Sekunden hat es sich mit seinem kräftigen Fuß wieder im Sand eingegraben.

Das Sägezähnchen ist auch eine beliebte Speisemuschel.

Das Sägezähnchen kommt bei uns nur in der Nordsee vor, von der Brandungszone bis in 30 Meter Tiefe. Hier lebt die Muschel direkt unterhalb der Bodenoberfläche im Sand eingegraben, besonders an Stellen mit starker Strömung. Sie ist nicht häufig, aber die Schalen findest du regelmäßig am Sandstrand.

Das Sägezähnchen wird bis zu 4 cm groß.

Das Sägezähnchen kommt ganzjährig vor.

Jan | Feb | Mär | Apr | Mai | Jun | Jul | Aug | Sep | Okt | Nov

Die Baltische Plattmuschel

Die Baltische Plattmuschel wird auch Rote Bohne genannt. Neben den weißlichen, rosa und rötlichen Exemplaren gibt es auch gelbliche oder grünliche. Die Schale ist flach, leicht zerbrechlich und hat eine ovale bis dreieckige Form.

Mach mit!

Versuch im Wattboden ein paar lebende Herz- oder Plattmuscheln zu finden. Dann leg sie in eine Pfütze auf den Wattboden. Bald solltest du beobachten können, wie sich die Schalenklappen öffnen und eine weiße Zunge herauskommt. Das ist der Fuß der Muschel. Mit dem gräbt sie sich ruck, zuck wieder in den Boden ein. Bei warmem Wetter funktioniert es besonders gut.

Die Plattmuschel lebt in Nord- und Ostsee. Sie ist drei bis fünf Zentimeter tief in sandige Böden eingegraben und schiebt von dort zwei Siphonen, ihre „Schnorchel", an die Oberfläche. Mit dem einen Sipho strudelt sie Wasser ein und damit Sauerstoff und Nahrung. Aus dem anderen gibt sie das gefilterte Wasser wieder ab.

Die Baltische Plattmuschel wird bis zu 3 cm groß.

Die Baltische Plattmuschel kommt ganzjährig vor.

Feb | Mär | Apr | Mai | Jun | Jul | Aug | Sep | Okt | Nov | Dez

Die Große Pfeffermuschel

Die ovale Schale der Großen Pfeffermuschel ist sehr dünn, zerbrechlich und nur schwach gewölbt. Der Wirbel, also die „Spitze" der Muschel, liegt in der Mitte der Schale. Die weiße oder dunkelgraue Schale ist gestreift. Die Muschel lebt bis zu 15 Zentimeter tief eingegraben im Wattboden. Mit ihren zwei langen Atemschläuchen (Siphonen) erreicht sie die Oberfläche und ihre Nahrung.

Schau genau!

Mit geübtem Auge kann man die Spuren der Pfeffermuschel im weichen Schlickboden erkennen. Denn mit ihrem bis zu 25 Zentimeter langen Einströmsipho saugt sie wie ein Staubsauger die Algen von der Oberfläche ab. Dabei entsteht auf dem schlickigen Boden eine sternförmige Fraßspur.

Pfeffermuschel mit dunklen Zuwachsstreifen

Die Pfeffermuschel lebt vor allem in schlickigen Böden eingegraben, von der Gezeitenzone bis in 15 Meter Wassertiefe. Sie kommt in von Nordsee bis in die westliche Ostsee vor.

Die Schale der Großen Pfeffermuschel wird bis zu 6 cm groß.

Schalen der Großen Pfeffermuschel liegen ganzjährig am Strand oder im Watt.

Jan | Feb | Mär | Apr | Mai | Jun | Jul | Aug | Sep | Okt | Nov

Die Feste Trogmuschel

Wie der Name schon verrät, ist die Schale der Festen Trogmuschel besonders dick und fest. Die Schale ist weiß, grau oder bräunlich und hat feine Wachstumsstreifen. Die Muscheln werden bis zu sechs Jahre alt.

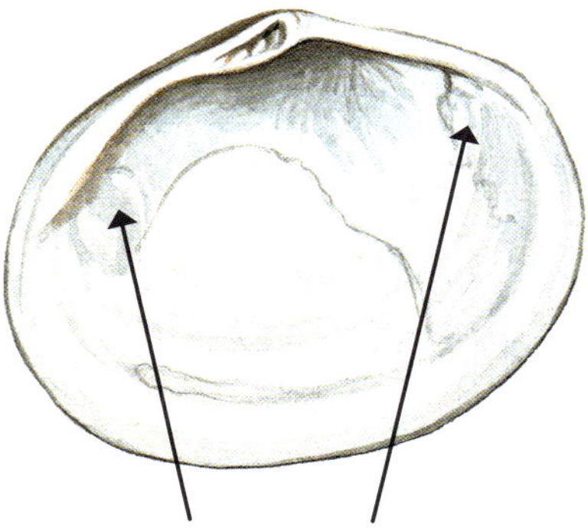

Abdrücke der Schließmuskeln

Die Trogmuschel ist knapp unter der Oberfläche im groben Sand eingegraben. Sie lebt von der Gezeitenzone bis in 160 Meter Tiefe. Verbreitet ist sie von Island bis ins Mittelmeer. Im Winter gräbt sie sich etwas tiefer in den Boden ein.

Wichtig zu wissen!

Die Muschel ist nicht nur bei Meeresenten sehr beliebt, die sie tauchend aus dem Wasser holen und fressen. Auch für Menschen war die essbare Muschel früher ein Leckerbissen. Wie die Herzmuschel wird sie mit speziellen Netzen gefischt. In Deutschland wurde die Trogmuschel-Fischerei schon nach wenigen Jahren wieder eingestellt, weil die Bestände stark zurückgegangen sind.

Die Feste Trogmuschel wird bis zu 5 cm groß.

Schalen der Festen Trogmuschel kannst du ganzjährig am Strand entdecken.

n | Feb | Mär | Apr | Mai | Jun | Jul | Aug | Sep | Okt | Nov | Dez

Die Sandklaffmuschel

Die größte Muschel an der Küste erkennst du leicht an ihrer ovalen Form und der schmutzig weißen Schale mit den Wachstumsrillen. Im Gegensatz zu anderen Muschelarten kann sie ihre Schalenklappen nicht vollständig schließen. Das liegt an ihrem langen Sipho, einer Art Schnorchel, den sie bis zur Oberfläche ausfahren kann. Die Sandklaffmuschel lebt bis zu 30 Zentimeter tief im Boden.

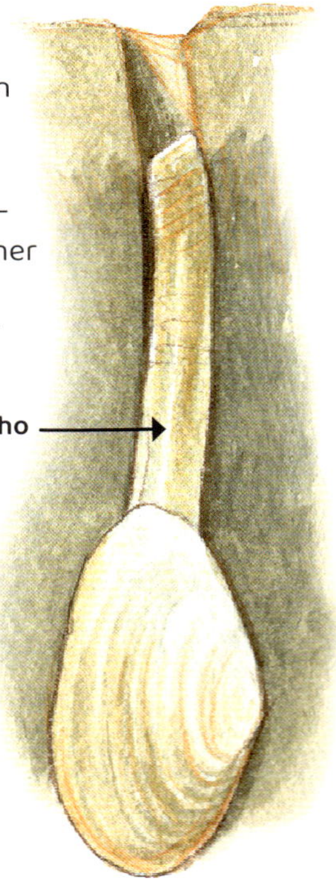

Schau genau!

Wenn du genau hinschaust, entdeckst du vielleicht, wo eine Sandklaffmuschel lebt. Der dicke Sipho hinterlässt auf der Wattoberfläche ein fingerdickes Loch. Oder du siehst, wie eine kleine Wasserfontäne aus dem Boden herausspritzt. Das passiert, wenn die Muschel ihren langen Sipho blitzschnell einzieht. Vorsicht beim Barfußlaufen! Die Schalenränder sind sehr scharfkantig.

Die Sandklaffmuschel lebt in schlammigen oder sandigen Böden. Die leeren Schalen liegen oft im Spülsaum. In der Nord- und Ostsee existiert sie erst wieder seit circa 400 bis 600 Jahren. In der letzten Eiszeit war sie dort ausgestorben. Die Wikinger haben sie als Proviant wieder nach Europa gebracht.

An den Rändern von Prielen werden sie oft freigespült.

Die Sandklaffmuschel wird bis zu 15 cm groß.

Die Sandklaffmuschel kommt ganzjährig vor.

Jan | Feb | Mär | Apr | Mai | Jun | Jul | Aug | Sep | Okt | Nov

Die Amerikanische Schwertmuschel

Eingeschleppt durch Schiffe kommt die Amerikanische Schwert- oder Scheidenmuschel erst seit 1978 in der Nordsee vor. Seitdem hat sie sich rasant ausgebreitet. Die schmalen und langen Muschelschalen sind leicht zu erkennen. Die Schale ist dünn und zerbrechlich und hat eine glatte Oberfläche.

Bei angespülten Schalen blättert oft die dünne bräunliche Haut ab.

Mach mit!

Mit Kleister, Sand und deinen Strandfunden kannst du zu Hause einen tollen Muschelkasten oder ein Muschelbild anfertigen. Den angerührten Kleister vermischst du mit so viel Sand, dass eine zähflüssige Masse daraus wird. Die streichst du jetzt auf ein Stück feste Pappe oder in einen Holzrahmen. In diese Masse drückst du deine Strandfunde. Nach einigen Tagen ist der Kleister trocken und das Bild fertig.

Die Schwertmuscheln leben unterhalb der Niedrigwasserlinie in sandigen Böden. Dort wohnen sie in einem senkrechten Gang. Bei Gefahr können sie sich schnell in den unteren Teil der Röhre zurückziehen. Sie haben sich bis in die westliche Ostsee ausgebreitet.

Die Amerikanische Schwertmuschel wird bis zu 17 cm groß.

Die Amerikanische Schwertmuschel kommt ganzjährig vor.

n | Feb | Mär | Apr | Mai | Jun | Jul | Aug | Sep | Okt | Nov | Dez

Die Weiße Bohrmuschel

Die Weiße Bohrmuschel hat eine auffällig lang gestreckte und dünnwandige weiße Schale. An dem breiteren Vorderende hat sie kräftige, dornenbesetzte Rippen, die am hinteren Ende kleiner werden.

Erstaunlich!

Eine ähnliche Art ist die Amerikanische Bohrmuschel. Sie kam 1890 mit amerikanischen Zuchtaustern in die Nordsee und hat sich seitdem stark ausgebreitet. Durch ihre bohrenden Tätigkeiten tragen die Bohrmuscheln Ton- und Torfböden ab.

Die Weiße Bohrmuschel sitzt tief im harten Ton.

Mit ihren dornigen Rippen bohrt sich die Weiße Bohrmuschel nicht in weichen Sand, sondern in harte Tonböden, Holzstücke oder sogar in Kreidefelsen. In den bis zu 15 Zentimeter langen Gängen ist sie vor Feinden relativ sicher. Nur ihr langer Sipho reicht bis ins offene Wasser. Man findet sie in der westlichen Ostsee bis Rügen.

Die Weiße Bohrmuschel wird etwa 6 cm groß.

Die Weiße Bohrmuschel kommt ganzjährig vor.

Jan | Feb | Mär | Apr | Mai | Jun | Jul | Aug | Sep | Okt | Nov | D

Die Pazifische Auster

Die Pazifische Auster ist oval bis länglich und stark geschuppt. Die Schale ist extrem hart und hat sehr scharfe Kanten. Vorsicht, Schnittgefahr! Im Gegensatz zu den meisten anderen Muscheln sehen die beiden Schalenklappen sehr unterschiedlich aus. Die eine Klappe ist stark gewölbt, während die andere Seite wie ein flacher Deckel aufliegt.

Wie die Miesmuschel lebt die Auster auf der Bodenoberfläche und hält sich an Steinen, Muscheln oder Hafenmauern fest. Forschende haben nun die Befürchtung, dass die Austern die Miesmuscheln verdrängen, denn natürliche Feinde hat die Pazifische Auster nicht, wenn sie ausgewachsen ist. Sie kommt nicht in der Ostsee vor.

Erstaunlich!

Nachdem die Europäische Auster in der Nordsee durch Überfischung so gut wie ausgestorben war, hat man die größere, aus Japan stammende Pazifische Auster eingeführt, um sie zu züchten. Bisher ist man davon ausgegangen, dass es der Austernart in der Nordsee zu kalt ist, um sich fortzupflanzen. Aber durch die Klimaerwärmung ist die Nordsee nun in manchen Jahren warm genug und die Auster hat sich überall ausgebreitet.

Die Pazifische Auster wird 20 cm groß.

Die Pazifische Auster kannst du ganzjährig finden.

Jan | Feb | Mär | Apr | Mai | Jun | Jul | Aug | Sep | Okt | Nov | Dez

Die Pantoffelschnecke

Das kappenförmige, gekrümmte Gehäuse sieht eher wie eine Muschelschale aus und nicht wie ein typisches Schneckenhaus. Die Innenseite wird zur Hälfte von einer weißen Platte verdeckt, sodass die Schnecke tatsächlich einem kleinen Pantoffel ähnelt. Zum Fressen spannt sie wie eine Spinne kurze, schleimige Fäden aus. Nach einer Weile werden die Fäden mitsamt dem eingefangenen Futter, dem Plankton, wieder aufgefressen.

Die Pantoffelschnecke lebt auf Felsen, Hafenmauern oder auf Miesmuschel- oder Austernbänken. Sie kommt bis in die westliche Ostsee vor. Ursprünglich stammt sie aus Nordamerika, wurde aber vor rund 100 Jahren mit Austern in die Nordsee eingeschleppt.

Schau genau!

Entdeckst du lebende Pantoffelschnecken, haften sie oft wie eine lange Kette aneinander. Am Anfang ihres Lebens sind Pantoffelschnecken nämlich immer Männchen. Um sich zu vermehren, kriecht eine Schnecke auf die andere. Die untere wandelt sich dann zu einem Weibchen um. So bilden sich lange Ketten, bei denen die unteren Schnecken immer Weibchen sind.

Die Pantoffelschnecke wird etwa 5 cm groß.

Schalen der Pantoffelschnecke finden sich das ganze Jahr über am Strand.

Jan | Feb | Mär | Apr | Mai | Jun | Jul | Aug | Sep | Okt | Nov | D

Die Netzreusenschnecke

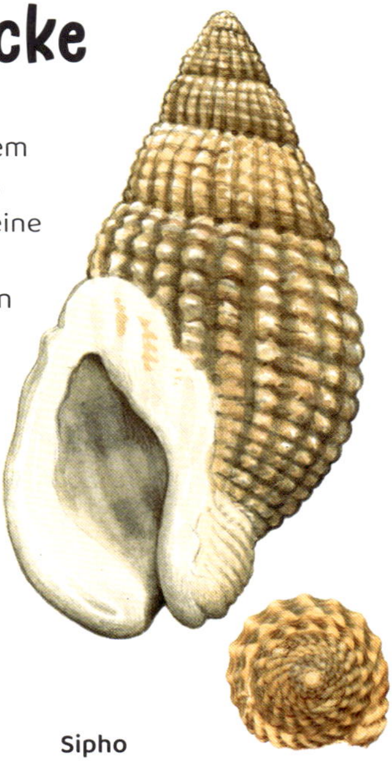

Die Netzreusenschnecke verdankt ihren Namen dem regelmäßigen Netzmuster auf der Oberfläche. Das Gehäuse ist spindelförmig und sehr dickwandig. Seine Farbe ist meist graubraun, aber es gibt auch grünliche und sehr helle Exemplare. Lebende Schnecken schützt noch eine dünne, braune Lederhaut über der Schale vor kalklösenden Feinden. Bei Gefahr können sie ihr Gehäuse mit einer Hornplatte am Fuß verschließen.

Wichtig zu wissen!

Früher war dies eine häufige Schnecke im Wattenmeer. In Dänemark wurde sie von der Fischerei sogar bekämpft, da sie die Fische in den Netzen angeknabbert hat. Mit ihrem guten Geruchssinn kann sie tote Fische noch auf 30 Meter Entfernung riechen. Doch seit circa 1960 ist sie im Wattenmeer so gut wie ausgestorben. Forschende vermuten, dass das mit den giftigen Schiffsanstrichen zu tun hat. Nach dem Verbot dieser Anstriche hoffen sie jetzt, dass die Schnecke wieder zurückkehrt.

Die Schnecke kommt von der Nordsee bis in die westliche Ostsee vor. Sie lebt meist eingegraben im sandigen Untergrund. Nur ihr Atemrohr, der Sipho, ragt über die Sandoberfläche und wittert nach Beute. Sie ernährt sich hauptsächlich von Aas. Für eine Schnecke ist sie recht schnell und schafft es auch, vor Feinden wie Seesternen zu fliehen.

Die Netzreusenschnecke wird bis zu 3 cm groß.

Die Netzreusenschnecke kommt ganzjährig vor.

Jan | Feb | Mär | Apr | Mai | Jun | Jul | Aug | Sep | Okt | Nov | Dez

Die Große Strandschnecke

Das Gehäuse der Großen Strandschnecke ist zugespitzt, gräulich braun und helle Linien ziehen sich um die Schale. Die Schale ist sehr dickwandig und die letzte Windung mit der Öffnung ist deutlich größer als die anderen. Die runde Öffnung kann die Schnecke mit einem hornigen braunen Deckel (dem Operculum), der an ihrem Kriechfuß hängt, verschließen. So kann sie leicht zwei bis drei Wochen ohne Wasser überstehen.

Die Große Strandschnecke lebt vor allem auf festem Untergrund im Bereich der Gezeitenzone, also auf Steinen, Holz oder Hafenmauern. Eher selten ist sie auf sandigem Boden unterwegs, denn hier kann sie sich nicht gut festhalten und droht mit den Wellen fortgespült zu werden. Sie kommt in der westlichen Ostsee bis Rügen vor.

Wichtig zu wissen!

Schnecken haben eine ganz besondere Zunge, die Radula. Wie bei einer Feile sitzen auf der Zunge lauter kleine Zähnchen, mit denen sie ihre Nahrung vom Untergrund abraspeln. So weidet auch die Große Strandschnecke mit ihrer Radula Algen und kleine Tierchen vom Untergrund ab. Im Winter zieht sie sich in tieferes Wasser zurück, um vor Frost geschützt zu sein.

Die Große Strandschnecke wird 3 cm groß.

Die Große Strandschnecke kommt ganzjährig vor.

Jan | Feb | Mär | Apr | Mai | Jun | Jul | Aug | Sep | Okt | Nov | D

Die Stumpfe oder Flache Strandschnecke

Die Stumpfe Strandschnecke ist sehr farbenfroh. Meist ist das Gehäuse zwar graubraun, es kann aber auch leuchtend gelb sein, grünlich, rötlich oder orange. Manchmal ist es auch gebändert oder gefleckt. Im Gegensatz zur Großen Strandschnecke ist die Gewindespitze ganz flach und stumpf.

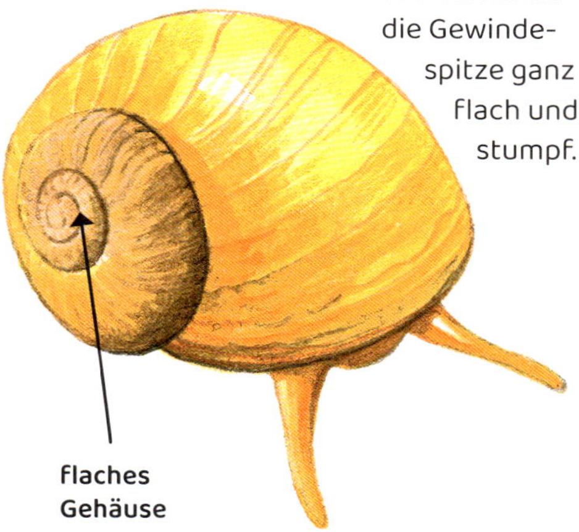

Schau genau!

Die Farbe des Gehäuses hängt wohl damit zusammen, auf welcher Algenart die Schnecke lebt und wie die Farbe des Untergrunds ist, auf dem sie kriecht. Helle Schnecken sind eher auf hellen Felsen oder Algen zu finden.

Im unteren Bereich der Gezeitenzone, der nicht so lange trockenfällt, lebt die Stumpfe Strandschnecke auf Tang. Dort frisst sie die jungen Teile der Alge. Sie lebt in der Nordsee und der westlichen Ostsee, ist in Deutschland aber selten.

Die Stumpfe Strandschnecke wird bis zu 1,5 cm groß.

Das Haus der Stumpfen Strandschnecke: ganzjährig am Spülsaum und im Watt.

Feb | Mär | Apr | Mai | Jun | Jul | Aug | Sep | Okt | Nov | Dez

Die Wattschnecke

Die Wattschnecke ist eine sehr kleine Schnecke, die nur so groß wie ein Reiskorn wird:
Das Gehäuse ist spitz zulaufend und hat sieben Windungen, die du nur durch eine Lupe erkennst.

Das Gehäuse ist gelb bis dunkelbraun.

Erstaunlich!

Um größere Strecken zurückzulegen, lässt sich die Wattschnecke mit der Strömung davontreiben. Dafür sondert sie ein Schleimband ab und heftet sich damit unter der Wasseroberfläche fest. So kann sie mit ihrem Schleimfloß kopfüber hängend mehrere Kilometer mit der Flut wegtreiben.

Die Wattschnecke lebt auf sandigem und schlickigem Boden vom Gezeitenbereich bis in zehn Meter Wassertiefe. Bei Niedrigwasser grast sie die Oberfläche nach winzigen Algen ab oder gräbt sich im Boden ein. Sie ist eine häufige Schnecke und auf wenigen Quadratmetern kommen oft zehntausende Exemplare vor.

Die Wattschnecke wird rund 1 cm groß.

Die Wattschnecke kannst du das ganze Jahr über finden.

Jan | Feb | Mär | Apr | Mai | Jun | Jul | Aug | Sep | Okt | Nov | D

Die Wellhornschnecke

Die Wellhornschnecke ist die größte Schnecke in der Nord- und Ostsee. Das kegelförmige, gelblich braune Gehäuse ist leicht gewellt. Je nach Untergrund, auf dem die Schnecke lebt, wird die Schale unterschiedlich dick. Auf felsigem Boden ist sie besonders fest. So zerbricht sie nicht, wenn sie von den Wellen gegen die Steine geschlagen wird. Auf weichem, sandigem Boden ist das Gehäuse dagegen deutlich dünner.

Wichtig zu wissen!

Am Strand findest du häufig ein gelblich weißes, luftiges Gebilde aus lauter rundlichen Kapseln. Das sind die leeren Laichballen der Wellhornschnecke. Aber nur aus circa zehn der vielen Eier schlüpfen kleine Wellhornschnecken. Die restlichen Eier dienen den Babyschnecken als Nahrung.

Meist findest du am Strand nur die leeren angespülten Gehäuse, denn die Wellhornschnecke lebt unterhalb der Wasserlinie bis in mehrere hundert Meter Tiefe. Sie ist ein Fleisch- und Aasfresser. Mit ihrem guten Geruchssinn findet sie leicht ihre Beute. Als Aasfresser ist sie sehr wichtig, denn so säubert sie das Meer von toten Tieren.

Die Wellhornschnecke wird bis zu 11 cm groß.

Die Wellhornschnecke kommt ganzjährig vor.

Feb Mär Apr Mai Jun Jul Aug Sep Okt Nov Dez

Die Kompassqualle

Mit ihrem braunroten Muster auf dem Schirm ist die Kompassqualle eine der schönsten Quallen. Die 16 v-förmigen Muster sind wie bei einem Kompass angeordnet. Mit ihren langen Tentakeln fängt die Qualle alles – von Plankton bis zu kleinen Fischen. Für Menschen ist es unangenehm, die Nesseln auf die Haut zu bekommen – wie auch bei der blauen Nesselqualle.

Wichtig zu wissen!

Quallen haben nicht viele Feinde. Da sie zu 98 bis 99 Prozent aus Wasser bestehen, sind sie nicht sehr nahrhaft. Aber bei Thunfischen, Mondfischen, Schwertfischen, Schildkröten und Delfinen stehen sie dennoch auf der Speisekarte. Leider werden häufig weggeworfene Plastiktüten für Quallen gehalten und gefressen. Viele Tiere sterben daran.

In der Nordsee ist die Kompassqualle nur ein Sommergast, denn sie braucht zur Fortpflanzung wärmeres Wasser. Mit der Meeresströmung treibt sie aus Spanien und Frankreich in die Nordsee und wird vor allem im Spätsommer an den Strand gespült.

Die Kompassqualle wird bis zu 30 cm groß.

Die Kompassqualle ist zwischen Juni und September zu beobachten.

Jan | Feb | Mär | Apr | Mai | Jun | Jul | Aug | Sep | Okt | Nov

Die Ohrenqualle

Vom Boot oder von der Hafenmauer aus kannst du manchmal beobachten, wie die Ohrenquallen elegant im Wasser schweben. Am Strand angespült sind sie dagegen nur noch ein glibberiger Klumpen. Ohrenquallen erkennst du an den vier Kreisen in dem glockenartigen Körper, das sind die Geschlechtsorgane. Beim Männchen sind sie weißlich, beim Weibchen violett.

Wichtig zu wissen!

Die Ohrenqualle gibt es in zwei unterschiedlichen Daseinsformen. Zum einen die typische, nur kurz lebende Qualle, die durchs Wasser schwebt. Zum anderen das festsitzende Polypenstadium. Die Larven der Ohrenquallen setzen sich auf Steinen oder anderen harten Gegenständen fest und wachsen zu kleinen Polypen heran. Im Frühjahr schnüren sich dann von den Polypen circa 50 bis 60 Jungquallen ab, die rasch heranwachsen.

Die Ohrenqualle kommt in allen Meeren vor, in der Ostsee bis zu den Ålandinseln. Im Sommer kann sie große Schwärme bilden, die sich meist nahe der Wasseroberfläche aufhalten.

Die Ohrenqualle wird bis zu 40 cm groß.

Die Ohrenqualle kommt von April bis September vor.

Feb Mär Apr Mai Jun Jul Aug Sep Okt Nov Dez

Die Feuerqualle oder Gelbe Nesselqualle

Die gefürchtetste Qualle in unseren Gewässern ist sicherlich die Feuerqualle. An ihrer gelblichen oder orangeroten Färbung ist sie gut zu erkennen. Die Oberseite ist glatt, aber auf der Unterseite hängen die meterlangen Tentakel mit ihren gefährlichen Nesselzellen. Berührst du sie, schießt die Qualle ihre Nesselzellen ab und es brennt fürchterlich auf der Haut. Auch an den Strand gespülte Exemplare solltest du nicht anfassen.

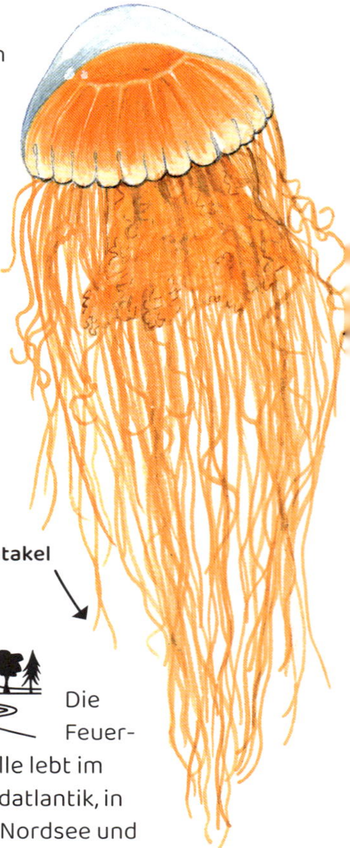

Wichtig zu wissen!

Wesentlich häufiger ist die Blaue Nesselqualle. Ihr bläulicher Schirm ist kleiner, stärker gewölbt und ihre Tentakel sind nicht so lang. Ihr Gift brennt nicht so stark – wie etwa bei einer Brennnessel. Hat dich doch eine Feuerqualle oder Blaue Nesselqualle erwischt, spül die Stelle gut mit Meerwasser ab. Nicht abreiben, sonst wird noch mehr von dem Nesselgift freigesetzt!

Die Feuerqualle lebt im Nordatlantik, in der Nordsee und der westlichen Ostsee. In arktischen Gewässern wird sie deutlich größer: bis zu einem Schirmdurchmesser von zwei Metern.

Die Feuerqualle wird bei uns bis zu 50 cm groß.

Die Feuerqualle kommt von Mai bis September vor.

Jan | Feb | Mär | Apr | Mai | Jun | Jul | Aug | Sep | Okt | Nov

Die Seestachelbeere

Manchmal findest du am Strand kleine runde oder ovale Quallen. Sie sind so durchsichtig, dass sie fast wie Glaskugeln aussehen. Auf der Oberfläche erkennst du noch acht weißliche Linien, ein Kennzeichen der Rippenquallen. Im Wasser schwimmend fahren sie ihre zwei circa 40 Zentimeter langen, gefiederten Fangtentakel aus, mit denen sie das Wasser nach Nahrung durchfischen.

Mach mit!

Die sogenannten Rippen bestehen aus kleinen Flimmerplättchen. Damit können die Quallen sich fortbewegen. Wenn du ganz genau hinschaust, siehst du vielleicht auch, wie die Rippen in allen Farben schillern – falls die Tiere noch nicht so lange am Strand liegen.

Die Seestachelbeeren schwimmen eigentlich im offenen Meer. Nur durch Strömung oder Wind werden sie an Land gespült. Sie leben im Atlantik, in der Nordsee und der westlichen Ostsee.

Die Seestachelbeere wird etwa 3 cm groß.

Die Seestachelbeere kommt von März bis August vor.

Feb | Mär | Apr | Mai | Jun | Jul | Aug | Sep | Okt | Nov | Dez

Die Seenelke

Auch wenn sie wie eine Blume aussieht, gehört die Seenelke zu den Tieren (Blumentieren). Sie ist nah mit den Quallen verwandt. Was wie die Blüte aussieht, sind hunderte kleiner Tentakel, die mit Nesselzellen besetzt sind. Damit fängt sie Plankton und kleine Tiere. Mit ihrem Fuß heftet sie sich an festen Untergrund. Es gibt weiße, gelbliche, orange und braune Exemplare.

Bei Gefahr werden die Tentakel blitzschnell eingezogen.

Die Seenelke braucht einen harten Untergrund, auf dem sie sich mit ihrem Fuß festsaugen kann. Auf Felsen, Hafenmauern oder Muschelbänken ist die Seenelke ab der Niedrigwasserlinie in der Nord- und Ostsee zu finden. Sie lebt also permanent unter Wasser.

Erstaunlich!

Häufig findest du mehrere ähnlich gefärbte Seenelken nebeneinander. Das liegt daran, dass sich die Seenelke vermehren kann, indem sie von ihrem Fuß einen Teil abschnürt. Aus diesem Stück wächst eine neue Seenelke heran.

Die Seenelke wird bis zu 30 cm hoch.

Die Seenelke ist ganzjährig zu finden.

Jan | Feb | Mär | Apr | Mai | Jun | Jul | Aug | Sep | Okt | Nov

Der Wattwurm

Der fingerdicke rotbraune Wattwurm ist leicht zu erkennen. Wenn du genau hinschaust, siehst du drei unterschiedliche Körperabschnitte. Vorne sind der Kopf und sieben Segmente, die Borsten tragen. In der Mitte folgen 13 Segmente mit Borsten und roten Kiemenbüscheln. Zum Schluss folgt der dünne Schwanz mit circa 90 Segmenten.

Erstaunlich!

Im Laufe der Zeit wird der Wattwurm immer kürzer, denn er hat viele Feinde, die ihn gerne fressen. Zum Glück besteht sein Schwanz aus vielen kurzen Segmenten, von denen er sich trennen kann. Packt ihn ein Vogel oder ein Fisch am Schwanzende, wirft er diese Segmente ab und verkriecht sich schnell in den unteren Teil seiner Wohnröhre. So kann er mehrere Angriffe überstehen.

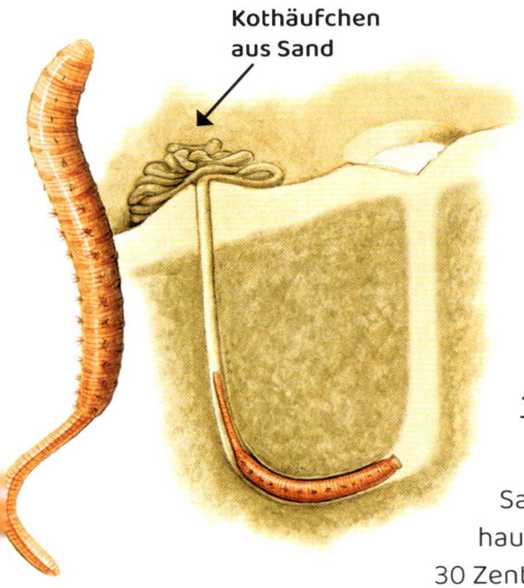

Die Spuren des Wattwurms siehst du überall auf dem Wattboden als kleine Sandkringel. Unter diesen „Spaghettihaufen" lebt der Wattwurm circa 20 bis 30 Zentimeter tief in einer j-förmigen Röhre. Hier frisst er den Sand und verdaut die tierischen und pflanzlichen Teile darin. An der Bodenoberfläche entsteht so ein kleiner Einsturztrichter. Wattwürmer durchlüften so auch den Wattboden und verteilen das organische Material im Sand.

Der Wattwurm wird bis zu 30 cm lang.

Der Wattwurm kommt ganzjährig vor.

Feb | Mär | Apr | Mai | Jun | Jul | Aug | Sep | Okt | Nov | Dez

Der Kotpillenwurm

Der sehr lange und dünne Wurm ist nur circa einen Millimeter dick und rot gefärbt. Wie der Wattwurm hinterlässt der Kotpillenwurm auf der Wattoberfläche seine Spuren. Sie bestehen aus kleinen schwarzen Kotkügelchen.

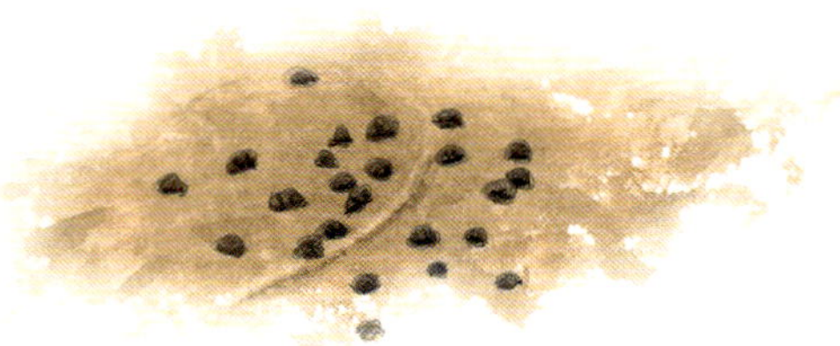

Wichtig zu wissen!

Aufgrund seiner roten Farbe und seiner Dehnbarkeit wird er auch scherzhaft „Gummibandwurm" genannt. Aber Vorsicht beim Ausgraben, obwohl er so elastisch ist, zerreißt er leicht. Um in der sauerstoffarmen Zone des Bodens zu leben, hat der Kotpillenwurm besonderes Blut, das den Sauerstoff sehr fest an sich bindet.

Der Kotpillenwurm lebt vor allem im Schlickwatt. Hier können bis zu 7 000 Kotpillenwürmer pro Quadratmeter vorkommen. In dem schwarz gefärbten, sauerstoffarmen Boden legt er ein verzweigtes Gangsystem an. Die Gänge sind mit Schleim verkleidet und bleiben so stabil.

Der Kotpillenwurm wird circa 10 cm lang.

Der Kotpillenwurm kommt ganzjährig vor.

Jan | Feb | Mär | Apr | Mai | Jun | Jul | Aug | Sep | Okt | Nov

Der Seeringelwurm

Gräbst du im Wattboden, wirst du bald auf diesen farbenfrohen Gesellen treffen. Denn den Seeringelwurm gibt es nicht nur in orangeroten, sondern auch in gelblichen und grünlichen Varianten.

Der Seeringelwurm besteht aus circa 120 Segmenten mit jeweils zwei Stummelfüßchen. Auffällig ist auch die rot durchschimmernde Ader auf dem Rücken.

Wichtig zu wissen!

Sein Gangsystem nutzt der Seeringelwurm zum Fang von Nahrung. Dafür spannt er in einem Gang ein Netz aus feinen Schleimfäden. Dann erzeugt er mit schlängelnden Bewegungen einen Wasserstrom im Gang, damit sich Algen und kleine Tierchen im Netz verfangen. Zum Schluss frisst er sein Schleimnetz einfach wieder auf.

Der Seeringelwurm lebt vor allem in schlickigen Böden, in geringerer Anzahl auch in Sandböden. Er baut sich ein verzweigtes Gangsystem.

Der Seeringelwurm wird 10 bis 20 cm lang.

Den Seeringelwurm kannst du ganzjährig finden.

Feb | Mär | Apr | Mai | Jun | Jul | Aug | Sep | Okt | Nov | Dez

Der Rasenringelwurm

Diesen kleinen Wurm würde man leicht übersehen, wenn nicht ab und zu seine Wohnröhren vom Wasser freigespült würden. Dann bilden die Röhren einen rasenartigen Teppich auf dem Wattboden. Die Röhren reichen bis zu neun Zentimeter in den Boden und sind oft gegabelt. Bei Flut kommt der Wurm an die Oberfläche und tastet mit seinen beiden Tentakeln den Boden nach Algenresten ab.

Schau genau!

Mit der Lupe erkennst du, dass der Rasenringelwurm aus bis zu 60 gleichen Segmenten besteht. Um sich zu vermehren, kann er seinen Körper in mehrere Stücke abschnüren. Aus diesen Teilstücken wachsen dann neue Kopf- und Schwanzenden heraus.

So können sich schnell dichte Rasen mit mehreren tausend Tieren pro Quadratmeter bilden.

Der Rasenringelwurm lebt sowohl im Grobsand als auch im Schlick – Hauptsache, der Boden wird nicht ständig von Wattwürmern oder Herzmuscheln durchwühlt. Häufig findet man ihn in Seegraswiesen. Er kommt in der Nordsee und in der Ostsee bis Bornholm vor.

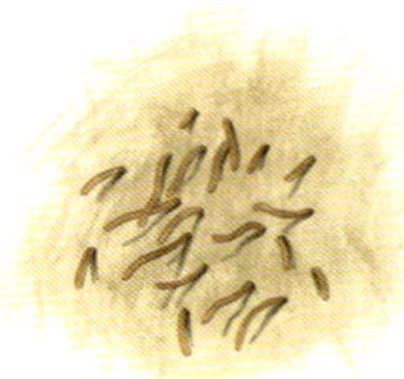

Der Rasenringelwurm wird bis zu 1,5 cm lang.

Die freigespülten Röhren des Rasenringelwurms sind ganzjährig zu finden.

Jan | Feb | Mär | Apr | Mai | Jun | Jul | Aug | Sep | Okt | Nov

Der Bäumchenröhrenwurm

Der gelbliche bis bräunliche Wurm mit seinen auffälligen roten Kiemen und den feinen Tentakeln am Kopf wirst du eher nicht zu Gesicht bekommen. Dafür aber seine bis zu 40 Zentimeter lange Wohnröhre. Der meiste Teil davon ist zwar im Sand verborgen, aber die oberen zwei bis vier Zentimeter ragen aus dem Boden. Dank einer fein verzweigten Krone an der Spitze sieht die Röhre aus wie ein kleines Bäumchen.

Erstaunlich!

Bei Gefahr kann sich der Bäumchenröhrenwurm wie in einem Fahrstuhlschacht blitzschnell im unteren Teil seiner Röhre verstecken. Die größte Gefahr für ihn sind sehr kalte Winter, dann erfrieren die meisten Würmer im Watt und erst nach zwei Jahren werden die Flächen wieder besiedelt.

Den Bäumchenröhrenwurm findest du in der Nordsee am Rand von Prielen oder im Bereich der Niedrigwasserlinie. Dort besiedelt er schlickig-sandige Böden. Seine Röhre baut er aus dem umliegenden Material, also aus Sandkörnern oder kleinen Bruchstücken von Muschel- und Schneckenschalen. Die verzweigte Krone wird quer zur Strömungsrichtung des Wassers gebaut, damit sich möglichst viel Nahrung darin verfängt.

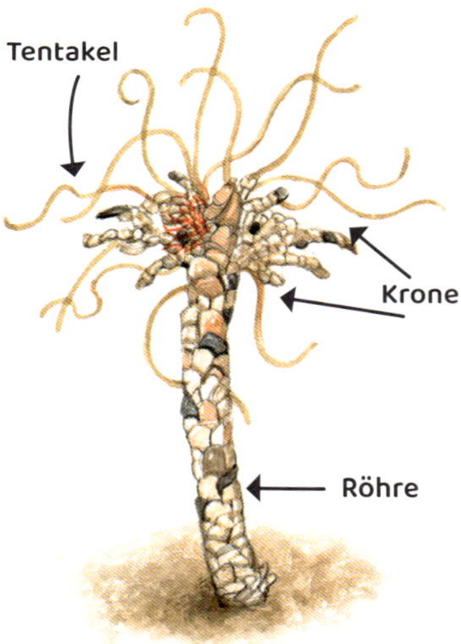

Der Bäumchenröhrenwurm wird bis zu 30 cm lang.

Der Bäumchenröhrenwurm kommt ganzjährig vor.

Feb | Mär | Apr | Mai | Jun | Jul | Aug | Sep | Okt | Nov | Dez

Der Dreikantröhrenwurm

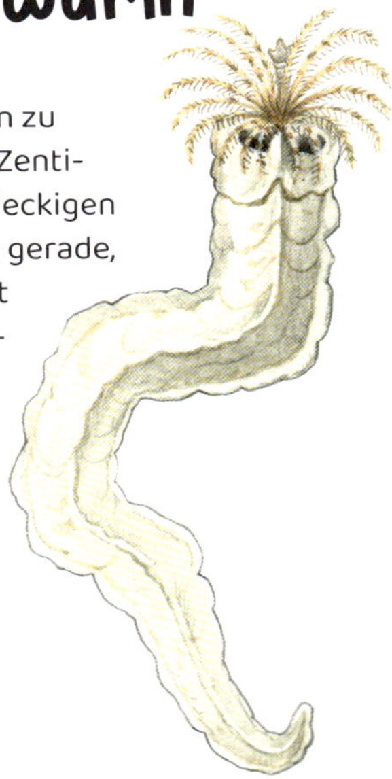

Den eigentlichen Wurm bekommst du eher selten zu sehen. Er lebt in einer weißen, circa drei bis fünf Zentimeter langen Kalkröhre. Die Röhre hat einen dreieckigen Querschnitt und keine bestimmte Form, sie kann gerade, gebogen oder kreisförmig sein. Vom Wurm siehst du höchstens die Tentakelkrone, mit der er Nährstoffe aus dem Wasser filtert. Sie ist blau, weiß, gelblich, rosa oder orange. Bei einer Störung wird sie aber blitzschnell in die Röhre zurückgezogen und ist deshalb schwierig zu sehen.

Wichtig zu wissen!

Der Dreikantröhrenwurm ist bei Schiffsbesitzern nicht sehr beliebt, denn er heftet sich sehr gerne an den Schiffsrumpf an, macht ihn dadurch rau und bremst damit das Schiff ein wenig. Selbst an Schiffen mit giftigen Anstrichen ist er zu finden. Eigentlich ist er überall häufig, nur im Wattenmeer nicht, da ist ihm das Wasser wahrscheinlich durch die vielen Schwebstoffe zu trüb.

Die Kalkröhren findest du auf allen festen Gegenständen: auf Steinen, auf Holz, auf Müll und sogar auf Algen. Sieh dir die angespülten Sachen am Strand an. Die Würmer können in der Gezeitenzone leben. Ihnen macht aber auch eine Tiefe bis 5 000 Meter nichts aus. Sie sind weitverbreitet, in der westlichen Ostsee aber nur bis in die Kieler Bucht.

Der Dreikantröhrenwurm wird bis zu 3 cm lang.

Der Dreikantröhrenwurm kommt ganzjährig vor.

Jan | Feb | Mär | Apr | Mai | Jun | Jul | Aug | Sep | Okt | Nov

Der Posthörnchenwurm

Auch der Posthörnchenwurm ist ein Kalkröhrenwurm. Der eigentliche Wurm lebt in einer Wohnröhre aus Kalk, die kreisförmig aufgedreht ist und damit aussieht wie ein Posthorn. Ist die Kalkröhre mit Wasser bedeckt, streckt der Wurm seine Tentakelkrone heraus und fängt Plankton aus dem Wasser.

Schau genau!

Um die Tentakelkrone zu sehen, musst du ein Tangstück mit Kalkröhren in ein Wasserglas legen. Da die Tentakelkrone recht farblos ist, ist es gar nicht so leicht, sie zu entdecken, wenn der Wurm sie ins Wasser streckt. Außerdem musst du ganz vorsichtig sein, denn bei der kleinsten Störung zieht sich der Wurm in seine Kalkröhre zurück und verschließt sie mit einem Kalkdeckel. Das macht er auch bei Niedrigwasser, damit er nicht so schnell austrocknet.

Das weiße Kalkgehäuse fällt sofort auf.

Den Posthörnchenwurm findest du meist an Braunalgen wie Sägetang oder Blasentang. Seltener sitzt er an Steinen, Muscheln oder Holz. Er kommt in der Nordsee und Ostsee bis Rügen vor.

Der Posthörnchenwurm wird bis zu 4 mm groß.

Der Posthörnchenwurm kommt ganzjährig vor.

n Feb Mär Apr Mai Jun Jul Aug Sep Okt Nov Dez

Die Lachmöwe

001

Mit ihrem braunschwarzen Kopf fällt die Lachmöwe im Brutkleid gleich auf. Schnabel und Beine sind kräftig rot gefärbt, die Flügelspitzen schwarz. Im Schlichtkleid, wenn die Brutzeit vorbei ist, bleibt von dem dunklen Kopf nur ein schwarzer Fleck hinter dem Auge.

Brutkleid

Wichtig zu wissen!

Ihren Namen hat die Lachmöwe einer Verwechslung zu verdanken. Denn ihre krähenden Rufe haben wenig mit Lachen zu tun. Und auch die Tatsache, dass sie gerne an flachen Seen, sogenannten Lachen, brütet, ist eher ein Zufall. Als die Lachmöwe ihren wissenschaftlichen Namen bekam, wurde sie noch mit einer in Nordamerika lebenden, sehr ähnlichen Möwe als eine Art gezählt. Diese Möwe hat tatsächlich einen lachenden Ruf.

Schlichtkleid

Noch vor 100 Jahren lebte die Lachmöwe vor allem im Binnenland. Von dort breitete sie sich stark aus und ist jetzt die häufigste Möwe an der Küste. Sie brütet oft in großen Kolonien auf den Salzwiesen oder am Ufer von Seen. Im Winter kommt sie auch an Teiche in Parks und lässt sich dort füttern.

Die Lachmöwe wird 35 bis 39 cm groß.

Die Lachmöwe fliegt ganzjährig.

Jan | Feb | Mär | Apr | Mai | Jun | Jul | Aug | Sep | Okt | Nov | D

Die Sturmmöwe

002

Die Sturmmöwe gehört zu den drei häufigsten Möwen an der Nord- und Ostseeküste. Sie ist etwas größer als die Lachmöwe und hat einen weißen Kopf mit schwarzen Knopfaugen sowie gelbem Schnabel.
Die Beine sind gelbgrün. Im Schlichtkleid ist der Kopf grau gestrichelt und der Schnabel hat an der Spitze einen schmalen dunklen Ring.

Mach mit!

Manchmal sieht man Sturmmöwen im Watt stehen, die komisch auf der Stelle trampeln. Dann ist ihnen nicht etwa kalt, sondern sie versuchen, auf diese Weise kleine Tiere, die im Boden vergraben sind, an die Oberfläche zu spülen. Probier es selbst einmal in einer Wattpfütze aus: Meist sind es alte Muschelschalen, die an die Oberfläche kommen.

Brutkleid

Sturmmöwe mit Jungtier

Im Frühjahr brütet die Sturmmöwe einzeln oder in kleinen Kolonien auf Klippen, Inseln und in Salzwiesen- und Dünengebieten. Ansonsten stromert sie an der Küste entlang oder wandert im Winter den Flüssen folgend ins Binnenland.

Die Sturmmöwe wird zwischen 40 und 46 cm groß.

Die Sturmmöwe siehst du ganzjährig am Himmel.

n Feb Mär Apr Mai Jun Jul Aug Sep Okt Nov Dez

Die Heringsmöwe

003

Die Heringsmöwe ähnelt der Silbermöwe, aber ihre Oberseite ist viel dunkler und eher schiefergrau gefärbt. Außerdem hat die Heringsmöwe gelbe Beine und ist insgesamt kleiner und eleganter. Auch ihr Verhalten ist anders, denn Heringsmöwen fliegen zur Futtersuche oft aufs Meer und holen sich die Fischabfälle, die von den Fischkuttern über Bord geworfen werden. Sie ruft etwas tiefer als die Silbermöwe.

Wichtig zu wissen!

In den großen Brutkolonien geht es ziemlich rau zur Sache. Finden die Heringsmöwen während der Fütterungszeit nicht genug zu fressen, kommt es zu Kannibalismus. Das heißt, passen die Eltern nicht auf, werden die Jungen oft von den Nachbarmöwen getötet und gefressen.

Noch vor 50 Jahren war die Heringsmöwe ein seltener Brutvogel an der deutschen Küste. Heutzutage leben etwa 30 000 Paare an Nord- und Ostsee. Sie brüten gerne auf den Inseln und in den Dünengebieten. Im Winter fliegen die meisten Heringsmöwen an die Atlantikküste und das Mittelmeer.

Die Heringsmöwe wird 48 bis 56 cm groß.

Die Heringsmöwe kommt ganzjährig vor.

Jan | Feb | Mär | Apr | Mai | Jun | Jul | Aug | Sep | Okt | Nov | D

Die Silbermöwe

004

Die häufigste Großmöwe an der Küste ist die Silbermöwe. Ausgewachsene Vögel erkennst du leicht an der silbergrauen Oberseite, den schwarzen Flügelspitzen, dem gelben Schnabel mit einem roten Punkt und den rosa Beinen. Erst mit vier Jahren ist die Silbermöwe ausgewachsen. Vorher tragen die Jungvögel ein braun geflecktes Gefieder und sind nur schwer von anderen Großmöwen zu unterscheiden.

Die Silbermöwe lebt vor allem an der Meeresküste, aber auch an großen Seen in Norddeutschland. Sie brütet oft in großen Kolonien auf den Inseln. Ihre Nester baut sie auf dem Boden.

Schau genau!

Als Allesfresser findet die Silbermöwe immer genug zu fressen. Sie fängt Krebse und Fische selbst, fliegt aber auch den Fischerbooten hinterher und hofft dort auf Fischabfälle. Sie frisst auch die Würmer auf frisch gepflügten Äckern. Mit etwas Glück kannst du auch beobachten, wie sie mit großen hartschaligen Muscheln oder Tieren in die Luft fliegt und sie über hartem Untergrund fallen lässt, damit sie kaputtgehen.

Die Silbermöwe wird 54 bis 60 cm groß.

Die Silbermöwe kommt ganzjährig vor.

Feb | Mär | Apr | Mai | Jun | Jul | Aug | Sep | Okt | Nov | Dez

Die Küstenseeschwalbe 005

Die Küstenseeschwalbe sieht aus wie eine elegante Möwe, ist aber deutlich kleiner. Sie hat lange und schmale Flügel, eine schwarze Kopfkappe und einen leuchtend roten Schnabel. Im Sitzen fallen die kurzen roten Beine kaum auf. Sie ruft laut „**gibb gibb**" und, wenn sie aufgeregt ist, „**ki-jää**". Bemerkenswert ist, wie sie kleine Fische fängt. Dafür stürzt sie sich aus mehreren Metern Höhe im Sturzflug ins Wasser. Vorsicht, auch ihre Feinde werden am Brutplatz mit scharfen Schnabelhieben auf den Kopf angegriffen.

Erstaunlich!

Die Küstenseeschwalbe gilt als Rekordhalter unter den Zugvögeln. Diese Vögel, die in der nördlichen Arktis brüten, zum Beispiel auf Grönland, fliegen im Herbst bis ans andere Ende der Erde in die Antarktis. Auf dem Hin- und Rückweg kommen so leicht 80 000-90 000 Kilometer zusammen, das entspricht der Strecke zweimal um die Erde.

An den Küsten von Nord- und Ostsee ist die Küstenseeschwalbe ein regelmäßiger Brutvogel. Ihre Eier legt sie in eine einfache Mulde auf Sand- oder Kiesflächen oder auf kurzrasigen Boden.

Die Küstenseeschwalbe wird 33 bis 39 cm groß.

Die Küstenseeschwalbe kommt von April bis September vor.

Jan | Feb | Mär | Apr | Mai | Jun | Jul | Aug | Sep | Okt | Nov

Der Kormoran

006

Kormorane sind große schwarze Vögel mit langem Hals und einem kräftigen Hakenschnabel zum Fischefangen. Im Brutkleid haben die Altvögel einen weißen Fleck am Kopf und am Beinansatz. Kormorane sind gesellige Tiere, die in großen Kolonien auf Bäumen brüten und auch gemeinsam nach Fischen tauchen.

Schau genau!

Kormorane können nicht wie die anderen Wasservögel ihr Gefieder einfetten. Das hilft ihnen beim Tauchen: Sie haben kaum Auftrieb und sind unter Wasser sehr wendig. Leider werden dabei ihre Federn ganz nass. Deshalb siehst du sie oft mit ausgebreiteten Flügeln am Ufer sitzen, um die Federn wieder zu trocknen.

Nachdem die Kormorane als Konkurrenten von Angelnden und der Fischerei in Deutschland schon fast ausgerottet waren, wurden sie unter Schutz gestellt. Jetzt haben sich die Bestände wieder erholt und du findest Kormorane an der ganzen Küste und an vielen Seen im Binnenland.

Der Kormoran wird 77 bis 94 cm groß.

Den Kormoran kannst du ganzjährig beobachten.

Jan | Feb | Mär | Apr | Mai | Jun | Jul | Aug | Sep | Okt | Nov | Dez

Der Austernfischer

007

Der Wappenvogel der Nordsee könnte der Austernfischer sein. Denn mit seinem schwarz-weißen Gefieder, dem roten Schnabel, den roten Beinen sowie seinem lauten und durchdringenden Ruf ist er sicher der auffälligste Watvogel der Küste. Wegen seiner Färbung wird er auch gerne Halligstorch genannt. Im Schlichtkleid trägt er ein weißes Halsband.

Schau genau!

Am Schnabel des Austernfischers erkennst du, was er frisst. Denn Austernfischer haben sich entweder darauf spezialisiert, Muscheln und Schnecken zu knacken, oder darauf, im Schlick nach Würmern zu stochern. Beim Aufhämmern von Muscheln wird die Schnabelspitze mit der Zeit ganz stumpf. Beim Stochern im Schlick bleibt der Schnabel spitz. Welche Nahrung sie fressen, lernen sie von ihren Eltern.

Der Austernfischer brütet meist in offenem Gelände wie Sandstrände, Dünen, Salzwiesen oder Viehweiden. Selbst auf Hausdächern mit Kies hat man schon Nester gefunden. Die Zahl an Austernfischern nimmt in Deutschland ab. Das liegt vor allem am Rückgang seiner Nahrung, der Herz- und Miesmuschel. Auch steigt die Zahl der Nesträuber durch eingeschleppte Arten wie den Marderhund.

Der Austernfischer wird 39 bis 44 cm groß.

Den Austernfischer kannst du ganzjährig beobachten.

Jan | Feb | Mär | Apr | Mai | Jun | Jul | Aug | Sep | Okt | Nov | De

Der Säbelschnäbler

008

Unverwechselbar ist der Säbelschnäbler. Kein anderer Vogel hat ein schwarz-weißes Gefieder, bläuliche lange Beine und einen nach oben gebogenen Schnabel. Er ruft laut „**klütt**" und bei Gefahr „**kuit kuit kuit ...**", um den Störenfried zu vertreiben. Er siebt gern kleine Tierchen aus dem Schlamm. Dafür pendelt er mit dem Kopf ständig hin und her und „säbelt" mit dem Schnabel durch den Schlamm oder über die Wasseroberfläche.
Im leicht geöffneten Schnabel bleibt dann die Nahrung hängen.

Schau genau!

Als einer der wenigen Watvögel hat der Säbelschnäbler Schwimmhäute zwischen den Zehen. Die braucht er besonders auf sehr weichem Schlammboden, damit er nicht so tief einsinkt.

Der Säbelschnäbler brütet gerne nahe am Wasser, besonders dort, wo das Wasser schön flach ist, wie in Lagunen oder im Wattenmeer. Leider werden seine Nester dann manchmal vom Hochwasser überspült.

Der Säbelschnäbler wird 42 bis 46 cm groß.

Der Säbelschnäbler kommt von März bis Oktober vor.

Feb | Mär | Apr | Mai | Jun | Jul | Aug | Sep | Okt | Nov | Dez

Der Große Brachvogel

009

Der Große Brachvogel ist nicht nur der größte Watvogel, er hat auch noch den längsten Schnabel. Am Schnabel ist er leicht zu bestimmen, denn der ist nicht gerade, sondern nach unten gebogen. Ansonsten trägt er ein braunes Gefieder mit einer schwarzen Strichelung. Im Flug leuchtet sein weißer Rücken auf. Auch sein melodisch flötender Ruf „**Tlü-ih**" ist sehr auffällig.

Erstaunlich!

Der Schnabel des Weibchens ist länger als der des Männchens. Bei großen Weibchen kann er 19 Zentimeter lang werden. Die Biegung des Schnabels hilft beim Stochern im Wattboden, denn die Gänge des Wattwurms sind auch leicht gebogen. So kommt der Brachvogel leichter an die Würmer heran.

Weibchen

Früher lebte der Große Brachvogel überall auf feuchten Wiesen und in Mooren. Doch heute gibt es nur noch wenige Moore und aus den meisten Wiesen sind Ackerflächen geworden. Die vielen Brachvögel an der Küste kommen vorwiegend aus Nordeuropa. Federn am Strand mit einem weiß-braunen Sägemuster stammen vom Brachvogel.

Der Große Brachvogel wird 48 bis 57 cm groß.

Der Große Brachvogel ist ganzjährig zu sehen.

Jan Feb Mär Apr Mai Jun Jul Aug Sep Okt Nov

Die Pfuhlschnepfe

010

Nach dem Brachvogel hat die Pfuhlschnepfe einen der längsten Schnäbel. Er ist leicht nach oben gebogen. Im Brutkleid ist das Männchen gut an der rostroten Unterseite zu erkennen, bei den Weibchen ist die Unterseite nur leicht orangerot. Im Schlichtkleid ist die Pfuhlschnepfe wie die meisten anderen Watvögel eher unauffällig braungrau gefärbt. Aber an den langen Beinen und dem Schnabel ist sie immer gut zu erkennen.

Schau genau!

Der Schnabel der Weibchen ist im Schnitt zwei Zentimeter länger als der der Männchen. Das ist mit dem Fernglas natürlich nicht zu erkennen, aber bei der Nahrungssuche stehen die Weibchen oft getrennt von den Männchen im tieferen Wasser, weil sie mit ihrem längeren Schnabel dort noch den Boden erreichen.

Fast das ganze Jahr über kannst du die Pfuhlschnepfe an der Nordsee beobachten. Nur zur Brutzeit im Sommer ist der Zugvogel zum Brüten in Nordnorwegen und Sibirien. An der Ostsee kommt er nur im Frühling und Herbst auf der Durchreise vorbei.

Schlichtkleid

Die Pfuhlschnepfe wird 33 bis 41 cm groß.

Die Pfuhlschnepfe kommt an der Nordsee von August bis Mai vor.

Feb | Mär | Apr | Mai | Jun | Jul | Aug | Sep | Okt | Nov | Dez

Der Rotschenkel

011

Seinen Namen verdankt der Rotschenkel seinen leuchtend roten Beinen. Auch der Schnabel ist rot mit einer schwarzen Spitze. Das helle Brust- und Bauchgefieder hat eine dichte und dunkle Fleckung. Die Oberseite ist braun.

Fliegt der Rotschenkel auf, erkennst du ihn leicht an dem breiten weißen Flügelhinterrand.

Wichtig zu wissen!

Wegen seines auffälligen Rufs wird der Rotschenkel in einigen Gegenden der Küste auch Tüter oder Tüütje genannt. Der flötende Ruf „Tjü-hü-hü" ist kaum zu überhören. Auch Feinde und Störenfriede werden mit lauten Rufen vertrieben. Mutig fliegt der Rotschenkel auf sie zu und verscheucht sie aus seinem Revier.

Der Rotschenkel brütet an der Küste in den Salzwiesen. Aber auch auf feuchten Wiesen und Mooren im Binnenland baut er seine Nester. In seinem Brutrevier sitzt der Rotschenkel gerne wachsam auf Zaunpfosten oder Erdhügeln. Nahrung sucht er am Ufer oder auf Schlammflächen.

Der Rotschenkel wird 24 bis 27 cm groß.

Der Rotschenkel kommt ganzjährig vor.

Jan | Feb | Mär | Apr | Mai | Jun | Jul | Aug | Sep | Okt | Nov

Der Alpenstrandläufer

012

Im Brutkleid hat der Alpenstrandläufer einen auffälligen schwarzen Bauch, der Rücken ist rotbraun und schwarz gescheckt und er hat einen kopflangen schwarzen Schnabel, der leicht nach unten gebogen ist. Im Schlichtkleid trägt er ein eher unauffälliges Gefieder. Der Bauch ist weiß und die Oberseite graubraun. An der Brust sind die Federn etwas gestrichelt.

Brutkleid

Schlichtkleid

Erstaunlich!

Der Schnabel des Alpenstrandläufers ist erstaunlich biegsam. Selbst wenn der Schnabel tief im Schlamm steckt, kann der Vogel die Schnabelspitze wie eine Pinzette öffnen und einen Wurm festhalten. In zwei bis drei Wochen frisst er so viel, dass sich sein Gewicht fast verdoppelt. Die Energie reicht dann für den Weiterflug in sein Brut- oder Überwinterungsgebiet.

Nur noch wenige Alpenstrandläufer brüten an unseren Küsten. Die meisten fliegen dazu nach Skandinavien und in die arktische Tundra. Aber über eine Million Alpenstrandläufer nutzen das Wattenmeer als Winterquartier oder Rastplatz, um sich für den Weiterflug ein Fettpolster anzufressen. Bei Hochwasser versammeln sie sich und rasten auf den Salzwiesen oder auf Sandbänken.

Der Alpenstrandläufer wird 17 bis 21 cm groß.

Der Alpenstrandläufer ist das ganze Jahr über zu sehen.

Feb | Mär | Apr | Mai | Jun | Jul | Aug | Sep | Okt | Nov | Dez

Der Sanderling

013

Der Sanderling ist etwa so groß wie der Alpenstrandläufer, hat aber einen kürzeren, geraden Schnabel. Der Bauch ist immer weiß. Im Brutkleid trägt der Sanderling rotbraune Halsfedern und auch seine Oberseite ist rotbraun und schwarz gemustert. Im Winter hat er das hellste Gefieder von allen Strandläufern.

Schau genau!

Der Sanderling ist ein wahrer Dauerläufer. Meist siehst du ihn, wie er wie eine aufgezogene Spielzeugmaus den Wellen hinterherrennt und schaut, was soeben an Futter angespült wurde. Dann saust er wieder knapp vor der heranrollenden Welle weg. Auch vor Spaziergängern trippelt er erst einmal eine Weile her, bevor er dann doch auffliegt.

Schlichtkleid

Die Brutgebiete des Sanderlings liegen in der Tundra von Sibirien, in Nordamerika und Grönland. Auf der Durchreise siehst du ihn auch an unseren Küsten. Und wie sein Name schon sagt, hält er sich dann gerne an reinen Sandstränden auf.

Der Sanderling wird 18 bis 21 cm groß.

Der Sanderling ist in kleiner Zahl ganzjährig zu sehen, im Hochsommer selten.

Jan | Feb | Mär | Apr | Mai | Jun | Jul | Aug | Sep | Okt | Nov

Der Knutt 014

Im Frühling, wenn er sein Brutkleid trägt, erkennst du ihn an seinem rostroten Brust- und Bauchgefieder. Der Schnabel ist relativ kurz und kräftig. Das Schlichtkleid ist dagegen sehr unauffällig: Die Unterseite ist weiß und die Brust leicht gefleckt. Das Rückengefieder ist einfarbig grau.

Brutkleid

Erstaunlich!

Besonders beeindruckend sind die Flugleistungen der Watvögel. Der Knutt kann zum Beispiel bis zu 5 000 Kilometer am Stück zurücklegen. Rekordhalter ist aber die Pfuhlschnepfe. Dank einem Minisender konnten Forschende nachweisen, dass eine Pfuhlschnepfe 13 500 Kilometer ohne Unterbrechung geflogen ist. Dafür war sie elf Tage in der Luft.

An der Küste von Nord- und Ostsee ist der Knutt nur ein Durchreisender. Er brütet weit weg in der Arktis, in Grönland und Kanada und überwintert an den Küsten Afrikas und Westeuropas. Das Wattenmeer nutzt er im Frühjahr und Herbst, um sich für seinen Weiterflug noch mal richtig satt zu essen und Energie zu tanken. Forschende haben festgestellt, dass die Zahl der Vögel abnimmt. Der Klimawandel verändert ihr Brutgebiet und erschwert die Aufzucht der Küken.

Der Knutt wird 23 bis 26 cm groß.

Der Knutt ist im Mai und von Juli bis Oktober zu sehen.

Feb | Mär | Apr | Mai | Jun | Jul | Aug | Sep | Okt | Nov | Dez

Der Sandregenpfeifer

015

Der Sandregenpfeifer hat eine auffällige schwarz-weiße Kopfzeichnung. Die Beine sind orange, genauso wie der Schnabel mit der schwarzen Spitze. Auf der Brust trägt er ein geschlossenes schwarzes Band. Am Strand kannst du ihn gut dabei beobachten, wie er mit kurzen Trippelschritten flink über den Boden rennt, plötzlich stehen bleibt und nach kleinen Tierchen pickt. Manchmal trampelt er auch auf der Stelle, um kleine Tiere aufzuscheuchen.

Küken

Brutkleid

Wichtig zu wissen!

Während der Brutzeit ist der Sandregenpfeifer ein sehr guter Schauspieler. Kommt zum Beispiel ein Fuchs dem Nest oder den Küken zu nahe, fängt er plötzlich an, einen Flügel hängen zu lassen, und tut so, als wäre er schwer verletzt und leichte Beute. Dabei läuft er immer vor der Nase des Fuchses her und lockt ihn so vom Nest weg. Doch plötzlich fliegt er auf und lässt einen verdutzten Fuchs zurück.

Der Sandregenpfeifer brütet an den Küstengebieten von Nord- und Ostsee. Seine gut getarnten, sandfarbenen, gepunkteten Eier, meist vier Stück, legt er auf Sand, Kies oder Muschelresten in eine flache Mulde.

Der Sandregenpfeifer wird 17 bis 20 cm groß.

Der Sandregenpfeifer ist am besten von März bis Oktober zu beobachten.

Jan | Feb | Mär | Apr | Mai | Jun | Jul | Aug | Sep | Okt | Nov

Die Eiderente

016

Die Eiderente ist eine typische Meeresente, die nur selten im Binnenland und im Süßwasser auftaucht. Der große Kopf wirkt dreieckig, da der Schnabel ohne Absatz in die flache Stirn übergeht. Das Männchen ist schwarz-weiß gemustert und hat einen grünen Nacken. Die Weibchen sind dagegen unauffällig braun mit dunkler Bänderung.

Erstaunlich!

In Island freuen sich die Bauern, wenn an ihrer Küste viele Eiderenten brüten, denn dann können sie aus den Nestern die wertvollen Daunenfedern absammeln. Eiderdaunen sind von allen Vogelfedern diejenigen, die am wärmsten halten, und das bei ganz geringem Gewicht. Da es nur wenig Daunenfedern gibt und sie aufwendig gereinigt werden müssen, sind Bettdecken mit Eiderdaunen extrem teuer.

Männchen

Weibchen

Eiderenten brüten an der Nordseeküste oder auf Inseln, oft in kleinen Kolonien. Die Küken bilden manchmal Kindergärten. Auch nach der Brut schwimmen die Enten in großen Schwärmen entlang der Küste und tauchen nach Muscheln und Krebsen.

Die Eiderente wird 60 bis 70 cm groß.

Die Eiderente kommt ganzjährig vor.

Feb | Mär | Apr | Mai | Jun | Jul | Aug | Sep | Okt | Nov | Dez

Der Mittelsäger

017

Auf den ersten Blick sieht der Mittelsäger einer Ente recht ähnlich, er ist auch nah mit ihr verwandt. Doch der lange, dünne Schnabel mit der hakenförmigen Spitze unterscheidet ihn deutlich von den Enten. Das Männchen ist schwarz-weiß und hat graue Seiten. Auf dem dunkelgrün schimmernden Kopf sitzt ein etwas struppiger Schopf. Das Weibchen hat einen braunen Kopf, ansonsten ist es auf der Oberseite grau mit einem weißen Flügelfeld.

Schau genau!

Ihren Namen verdanken die Säger ihrem Schnabel. An den Kanten ist dieser nämlich fein gesägt. Das hat den Vorteil, dass sie damit Fische besser festhalten können.

Der nordische Vogel hat an der Nord- und Ostseeküste sein südliches Verbreitungsgebiet. Vor allem an der Ostsee sieht man die Mittelsäger im Sommer im Uferbereich schwimmen, häufig an felsigen Küsten. Das Nest liegt nah am Wasser und gut versteckt unter dichten Pflanzen oder zwischen Steinen. Das Weibchen brütet alleine und zieht auch die Küken auf.

Der Mittelsäger wird 52 bis 58 cm groß.

Der Mittelsäger kommt ganzjährig vor.

Jan | Feb | Mär | Apr | Mai | Jun | Jul | Aug | Sep | Okt | Nov

Die Ringelgans

018

In den Niederlanden wird die kleine Gans wegen ihres typischen Flugrufs „**Rott-rott-rott**" auch Rotgans genannt. Den Namen Ringelgans verdankt sie dem weißen Ring an dem sonst braunschwarzen Hals und Kopf. Insgesamt ist die Ringelgans sehr dunkel gefärbt. Nur ihr Unterschwanz leuchtet weiß hervor und fällt besonders im Flug auf.

Ab September tauchen die ersten Ringelgänse an der Nord- und Ostsee auf, nachdem sie im Sommer in Sibirien gebrütet haben. Als typische Meeresgans hält sich dieser Vogel im Watt auf und frisst Seegras oder weidet auf den Salzwiesen. Bis in den Mai überwintert die Ringelgans an der Nordseeküste.

Weidende Ringelgänse

Erstaunlich!

Erreichen die Ringelgänse ihre Brutgebiete in Sibirien, liegt dort oft noch Schnee. Doch sobald die ersten Flächen schneefrei sind, fangen die Vögel an zu brüten. Manchmal kommt es später noch zu einem Kälteeinbruch mit Schnee und viele Gänse müssen die Brut abbrechen. An der Zahl der Jungvögel kannst du dann erkennen, wie gut das Wetter im Brutgebiet gewesen ist.

Die Ringelgans wird 55 bis 62 cm groß.

Die Ringelgans kommt von September bis Mai vor.

Feb Mär Apr Mai Jun Jul Aug Sep Okt Nov Dez

Die Brandgans

019

Die Brandgans sieht aus wie eine große, bunte Ente. Sie hat einen schwarzen Hals und Kopf mit einem roten Schnabel. Über die weiße Körperunterseite zieht sich ein orangebraunes Brustband. Die Flügel sind schwarz-weiß. Wenn du genau hinschaust, erkennst du bei den männlichen Brandgänsen einen roten Höcker über dem Schnabel.

Die Brandgans brütet an den Küsten von Nord- und Ostsee. Sie ist ein Höhlenbrüter. Gerne baut sie das Nest in eine alte Kaninchenhöhle. Anfang August versammeln sich fast alle Brandgänse Nordeuropas zum Mausern im Wattenmeer bei Dithmarschen. Das können bis zu 200 000 Brandgänse sein, die dort ihr Gefieder wechseln. In dieser Zeit müssen sie besonders geschützt werden. Ansonsten siehst du sie vor allem auf Schlickflächen, wo sie gerne die kleinen Wattschnecken fressen.

Wichtig zu wissen!

Nicht nur die Menschen haben Kindergärten. Auch bei Brandgänsen kann es vorkommen, dass sich mehrere Familien zusammenschließen und einen „Kindergarten" bilden.

Die Brandgans wird 55 bis 65 cm groß.

Die Brandgans ist an der Nordsee ganzjährig zu Hause.

Jan Feb Mär Apr Mai Jun Jul Aug Sep Okt Nov

Die Graugans 020

Auf der Hausgans Martin durfte Nils Holgersson mit den Graugänsen durch ganz Schweden fliegen. Graugänse sind die größten und kräftigsten der grauen Gänse. Sie haben einen großen, orangefarbenen Schnabel. Auch die Beine sind orangerosa. Der Hals wirkt recht dick. Im Flug sind sie gut an ihrer etwas schwerfälligen Flugweise und ihren silbrigen Oberflügeln zu erkennen. Am Bauch haben sie oft dunkle Flecken im Gefieder. Sie rufen mit tiefer Stimme „**ahhng-ahhng-aang**".

Die Eltern passen gut auf ihre Jungen auf.

Unter den grauen Gänsen ist die Graugans die einzige, die das ganze Jahr bei uns bleibt. An der Nord- und Ostsee bauen die Graugänse ihr Nest gut geschützt in Schilfgebiete oder auf kleine Inseln. Sie fressen vor allem Gräser, Kräuter und Wasserpflanzen.

Erstaunlich!

Schon vor circa 3 000 Jahren wurde die Graugans gehalten und weitergezüchtet. Von ihr stammt unsere heutige Hausgans ab. Sie ist sogar in die Geschichte eingegangen. So hat sie wohl vor circa 2 400 Jahren mit ihren Rufen die Einwohner der Stadt Rom vor den feindlichen Galliern gewarnt.

Die Graugans wird 74 bis 84 cm groß.

Die Graugans kommt ganzjährig vor.

Feb Mär Apr Mai Jun Jul Aug Sep Okt Nov Dez

Der Seeadler

021

Der riesige Seeadler ist ein eindrucksvoller Vogel. Im Flug fallen seine langen und breiten Flügel und der verhältnismäßig kurze und keilförmige Schwanz sofort auf. Bei ausgewachsenen Vögeln ist der Schwanz leuchtend weiß. Auch im Sitzen ist der Seeadler an seinem kantigen, fast bulligen Körper gut zu erkennen. Dann sieht man auch am besten den kräftigen gelben Schnabel und das gelbe Auge.

Erstaunlich!

Normalerweise stehen Fische auf dem Speiseplan des Seeadlers. Ab und zu schnappt er sich aber auch Wasservögel wie Blässhühner und Enten. Sogar große Gänse schafft er zu erbeuten. Meist fängt er nur die kranken und verletzten Tiere. Manchmal muss er aber seine Beute so lange hetzen, bis sie erschöpft aufgibt.

Auffällig ist das weiße Schwanzende.

Um die 1 000 Paare leben wieder in Deutschland, die meisten davon in Mecklenburg-Vorpommern und Schleswig-Holstein. Noch vor 40 Jahren war die Art fast ausgestorben. An der Küste hast du nun gute Chancen, Seeadler zu sehen. An der Nordseeküste sind sie noch nicht so verbreitet.

Der Seeadler wird 76 bis 92 cm groß.

Der Seeadler kommt ganzjährig vor.

Jan | Feb | Mär | Apr | Mai | Jun | Jul | Aug | Sep | Okt | Nov

Die Scholle

Die Scholle ist ein Plattfisch. Plattfische haben ihren Körper dem Leben am Gewässergrund angepasst. Das erkennst du auch am flachen Körperbau: Was du für Ober- und Unterseite hältst, ist eigentlich die rechte und linke Seite, denn Plattfische schwimmen „auf der Seite". Damit nicht ein Auge immer nach unten guckt, wandert im Laufe des Wachstums das eine Auge auf die „Kopfoberseite". Als Fischlarve sehen die Plattfische noch aus wie jeder andere Fisch.

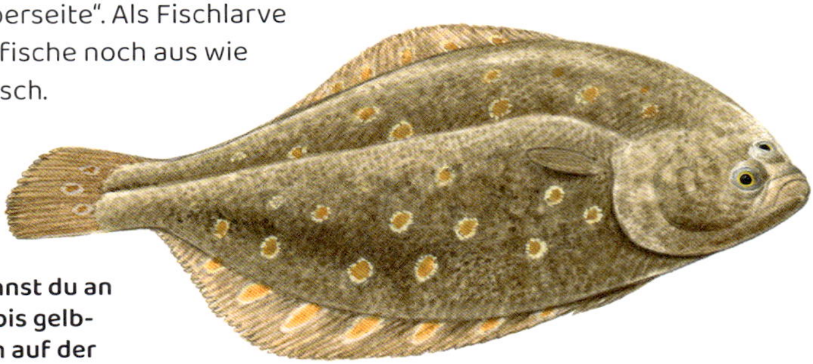

Schollen erkennst du an den rötlichen bis gelblichen Punkten auf der „Oberseite".

Die Scholle ist noch ein häufiger Fisch in der Nord- und Ostsee. Sie lebt über sandigem Boden, in den sie sich leicht eingräbt, sodass nur noch die Augen herausschauen. So wartet sie auf Beute wie Würmer, Krebse und kleine Fische. Im Wattenmeer findest du vor allem die Jungfische, die größeren Schollen leben in größeren Tiefen.

Schau genau!

Ein weiterer häufiger Plattfisch ist die Flunder. Ihre „Oberseite" ist aber graubraun oder olivbraun und recht rau. Auf der Rückenmitte hat sie sogar kleine dornige Hautwarzen. Flundern bevorzugen Brackwasser, deshalb leben sie gerne in Flussmündungen und schwimmen sogar weit die Flüsse hinauf.

Die Scholle wird bis zu 50 cm groß.

Die Scholle kommt ganzjährig vor.

n | Feb | Mär | Apr | Mai | Jun | Jul | Aug | Sep | Okt | Nov | Dez

Der Atlantische Hering

Der Hering ist ein silbrig glänzender Fisch. Er hat ein oberständiges Maul, das heißt, der Unterkiefer ist länger als der Oberkiefer und zeigt deshalb etwas nach oben. Diese Fische jagen oft an der Wasseroberfläche. Die Bauchflosse befindet sich etwa auf gleicher Höhe wie die Rückenflosse, das unterscheidet den Hering von ähnlichen Fischen. Heringe sind Schwarmfische, sie sind also selten allein.

Heringe sind schon seit dem Mittelalter beliebte Speisefische. Du kennst sie als geräucherter Bückling oder als eingelegter Matjeshering oder Rollmops.

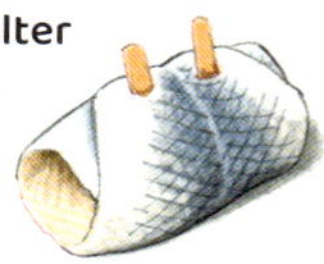

Heringe leben im Nordatlantik bis in die Ostsee. Tagsüber halten sie sich in größeren Wassertiefen auf. Erst in der Nacht folgen sie dem Plankton an die Wasseroberfläche. Dann schwimmen sie mit geöffnetem Maul und filtern das Plankton mit den Kiemen aus dem Wasser. Jungtiere verbringen die erste Zeit im Wattenmeer.

Erstaunlich!

Heringe sind in ihrem Bestand in der Ostsee stark gefährdet. Ein Grund ist die Überfischung. Auch das Meerwasser hat sich erwärmt, die Heringslarven schlüpfen früher, finden aber noch kein Futter. Zu viele Nährstoff im Meer aus industrieller Landwirtschaft lassen das Plankton stark wachsen. Das nimmt im Wasser das Licht weg für größere Algenarten. Sie braucht der Hering aber als Laichplatz.

Der Atlantische Hering wird bis zu 40 cm groß.

Der Atlantische Hering kommt ganzjährig vor.

Jan | Feb | Mär | Apr | Mai | Jun | Jul | Aug | Sep | Okt | Nov | D

Der Seehund 022

Das häufigste Säugetier an der Küste ist der Seehund. Er hat einen rundlichen Kopf, eine kurze Schnauze und zwei große schwarze Augen. Das Fell ist meist grau mit dunklen, unregelmäßigen Flecken.

Den Winter verbringen Seehunde in der offenen See. Erst im Frühling kommen sie an die Küste und bringen im Juni und Juli ihre Jungen auf abgelegenen Sandbänken zur Welt. Sie leben im Nordatlantik, in der Nordsee und mit wenigen Tieren auch in der westlichen Ostsee.

Wichtig zu wissen!

Findest du zufällig einen jungen Seehund (Heuler) am Strand, dann mach einen großen Bogen um ihn. Um Futter zu suchen, lässt die Mutter ihr Junges häufig mehrere Stunden allein. Aber wenn lauter Menschen um das Junge herumstehen, kommt sie natürlich nicht zurück. Am besten sagst du der Kurverwaltung oder der Polizei Bescheid. Ein Seehundbeauftragter stellt dann fest, ob das Junge gesund ist oder tatsächlich verlassen wurde, und sperrt den Strandabschnitt ab. Dann kann die Mutter ihr Junges in Ruhe wieder abholen.

Der Seehund wird bis zu 2 m lang.

Der Seehund kommt ganzjährig vor.

Feb Mär Apr Mai Jun Jul Aug Sep Okt Nov Dez

Die Kegelrobbe

023

Die Kegelrobbe ist Deutschlands größtes Raubtier. Sie sieht dem Seehund recht ähnlich, hat aber einen kegelförmigen Kopf mit einer länglichen Schnauze. Die Männchen tragen ein dunkelgraues Fell mit hellen Flecken. Bei den Weibchen ist es dagegen umgekehrt: Sie tragen ein silbergraues Fell mit dunkleren Flecken. Eine dicke Speckschicht schützt die Kegelrobben vor dem kalten Wasser. Sie können 20 Minuten lang und bis in 300 Meter Tiefe tauchen.

Die Kegelrobbe lebt vor allem im Nordatlantik. In der Nordsee gibt es kleine Vorkommen, die langsam wieder anwachsen. In der Ostsee ist sie selten, aber häufiger als der Seehund.

Wichtig zu wissen!

Kegelrobben bekommen ihre Jungen mitten im Winter. Auf abgelegenen Sandbänken oder Inseln kommen die Jungen schon ab Dezember auf die Welt. Im Gegensatz zu den Seehunden haben sie ein flauschig weiches, cremefarbenes Fell. Wegen ihres Fells und weil sie der Fischerei so viele Fische wegfressen, wurden Kegelrobben früher gejagt. Heutzutage ist das verboten, sie stehen unter Naturschutz.

Die Kegelrobbe wird bis zu 2,30 m lang.

Die Kegelrobbe kannst du das ganze Jahr über beobachten.

Jan | Feb | Mär | Apr | Mai | Jun | Jul | Aug | Sep | Okt | Nov

Der Schweinswal

Direkt vor unseren Küsten gibt es nur eine heimische Walart, das ist der Schweinswal. Der kleine Wal hat im Gegensatz zum Delfin eine rundliche Schnauze. Meist bekommst du nur die kleine, dreieckige Rückenflosse zu sehen, wenn der Schweinswal zum Atmen für zwei Sekunden an die Oberfläche kommt. Die Flosse ist kurz und an der Spitze abgerundet. Typisch ist auch die dunkle Linie vom Mundwinkel bis zur Vorderflosse.

Wichtig zu wissen!

In den trüben Küstengewässern der Nordsee findet der Schweinswal seine Beute wie Heringe und Makrelen durch Ultraschall. Er sendet also wie Fledermäuse Schallwellen aus und ortet so die Fische. Leider erkennt er mit dieser Echoortung nicht die feinen Netze der Fischerboote. So bleiben jedes Jahr einige tausend Schweinswale in Fischernetzen hängen und ersticken jämmerlich.

Gut zu erkennen sind die kleine Rückenflosse und das Atemloch.

In der Nordsee hast du vor Sylt die besten Chancen, einen Schweinswal zu sehen, im Juni werden hier sogar Junge geboren. In der Ostsee gilt er als vom Aussterben bedroht.

Der Schweinswal wird bis zu 1,90 m lang.

Der Schweinswal kommt ganzjährig vor.

Feb Mär Apr Mai Jun Jul Aug Sep Okt Nov Dez

Wat is Watt?

Das Wort Watt kennst du bisher vielleicht nur von elektrischen Geräten. An der Küste werden aber auch die Flächen als Watt bezeichnet, die bei Ebbe trockenfallen (siehe Seite 8).
Der Wattboden kann sehr unterschiedlich sein, das merkst du schnell, wenn du barfuß darüberläufst. Je nachdem, wie viel Sand, Ton, Wasser und lebende Stoffe, sogenanntes organisches Material, im Boden sind, wird der Wattboden in Sandwatt, Mischwatt und Schlickwatt eingeteilt.

Sandwatt: Das Sandwatt entsteht an Stellen mit schnell fließendem Wasser, zum Beispiel an Rändern von Prielen oder nahe dem offenen Meer. Hier lagert sich vor allem der schwere Sand ab und nur wenig Ton und Wasser sind im Boden. Sandwatt erkennst du an den starken Sandrippeln und den wenigen Tieren im festen Boden.

Mischwatt: Ist der Boden übersät mit Wattwurmhaufen und deine Füße sinken ein wenig ein, stehst du im Mischwatt. Der Anteil kleiner, leichter Tonteilchen darin liegt zwischen 10 und 50 Prozent. Hier fühlen sich sehr viele Tiere im Boden wohl.

Wichtig zu wissen!

Damit deine Gummistiefel im Matsch nicht so schnell stecken bleiben und du das Gleichgewicht nicht verlierst, versuch immer, erst die Ferse anzuheben. So kommst du am leichtesten aus dem Schlick wieder heraus.

Schlickwatt: Nahe der Küste oder in ruhigen Buchten setzen sich vor allem kleine und leichte Stoffe auf dem Boden ab. Die Wattoberfläche ist glatt und glänzend. Hier musst du aufpassen, denn du sinkst bis zum Knöchel (oder sogar noch tiefer) ein.

Mach mit!

Wie gefährlich dichter Nebel bei einer Wattwanderung ist, kannst du leicht mit einem einfachen Versuch feststellen. Such dir im Watt in Ufernähe oder im Sand eine Stelle, wo man deine Fußabdrücke gut sehen kann. Nun fixier einen Punkt am Horizont, beispielsweise einen Leuchtturm. Jetzt lässt du dir die Augen verbinden und versuchst, blind auf den Punkt zuzulaufen. Nach rund 50 Schritten nimmst du die Binde ab und schaust anhand deiner Spuren, wie gerade du gelaufen bist. Bei den meisten macht die Spur einen kreisförmigen Bogen, weil ein Bein kräftiger ist als das andere. So würde man auch bei dichtem Nebel schnell im Kreis laufen und bei Flut in große Gefahr geraten.

Schicht für Schicht

Gräbst du ein Loch in den Wattboden, fällt dir sicher auf, dass der Boden weiter unten dunkler gefärbt ist. Das liegt daran, dass Eisen und Sauerstoff im Boden sind. Die obere, helle Schicht wird mit sauerstoffreichem Wasser gut durchspült. Das Eisen im Sand färbt sich dadurch bräunlich. Weiter unten kommt nicht mehr so viel Sauerstoff an. Hier leben sogenannte anaerobe Bakterien, sie brauchen keinen Sauerstoff zum Leben. Sie ernähren sich von abgestorbenen Pflanzenteilen und Tierresten. Dabei entsteht Schwefelwasserstoff, der für den fauligen Geruch verantwortlich ist. Der Schwefel reagiert mit dem Eisen und färbt den Boden schwarz. Je mehr totes Material im Wattboden ist, desto weiter oben beginnt die schwarze Schicht.

Die Gänge von Würmern und Muscheln sind in dem schwarzen Boden gut zu erkennen, denn zum Atmen müssen die Tiere frisches, sauerstoffreiches Wasser durch ihre Gänge strudeln. Diese färben sich deshalb wie an der Oberfläche bräunlich.

Tankstelle Wattenmeer

Auf den ersten Blick sieht der Wattboden ziemlich öde und leblos aus. Dennoch liefert er Millionen von Vögeln genug Nahrung: Zweimal im Jahr machen die Wattvögel Station im Wattenmeer. Es dient wie eine Art Autobahnraststätte auf ihrem Weg von Nord nach Süd und umgekehrt. In kurzer Zeit fressen die Vögel sich genügend Fettreserven an, um die weiten Strecken überwinden zu können. Innerhalb von drei bis vier Wochen verdoppeln sie ihr Gewicht fast. Im Herbst kommen die Vögel aus ihren Brutgebieten aus Grönland, Skandinavien und Sibirien, um dann weiter an die Küsten von Westeuropa und Afrika zu fliegen, wo sie überwintern. Im Frühling machen sie auf ihrem Rückweg in die nördlichen Brutgebiete wieder Halt im Wattenmeer. Seine Ernennung zum Weltkulturerbe zeigt seine Bedeutung für den Erhalt der biologischen Vielfalt und als Ökosystem. Es ist dem Great Barrier Reef (Australien) und dem Grand Canyon (USA) gleichwertig.

Erstaunlich!

Forschende haben herausgefunden, dass im Wattboden sogar mehr tierische Biomasse vorkommt als in einem tropischen Regenwald. Das heißt, auf einer bestimmten Fläche im Wattboden ist das Gewicht aller Lebewesen größer als das einer vergleichbaren Fläche im Regenwald. Dort kommen zwar mehr verschiedene Arten vor, aber die einzelnen Arten nicht in so großen Mengen wie im Watt.

Schau genau!

Mit etwas Glück beobachtest du im Sommer eine ganz besondere Erscheinung im Meer, das Meeresleuchten. Eine bestimmte Algenart (Noctiluca) kann wie ein Glühwürmchen aufleuchten, wenn es von Wellen oder der Brandung angeregt wird. Bei warmem Wetter, nach ein paar möglichst windstillen Tagen, ist die Chance am größten, das Meeresleuchten bei einem Nachtspaziergang am Strand zu sehen.

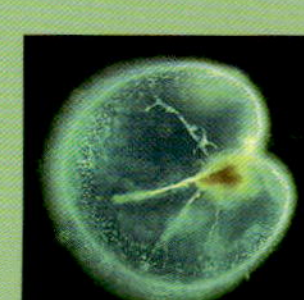

Viele Vögel nutzen die Rast im Wattenmeer nicht nur zum Fressen, sondern sie wechseln auch einen Teil ihrer Federn. Sie sind in der sogenannten Mauser. Den Vögeln fällt es dann oft schwer zu fliegen. Manche Arten wie die Eiderente sind für ein paar Wochen völlig flugunfähig.

Mach mit!

Das Wattenmeer ist bekannt für seine Vogelvielfalt. Du kannst an geführten Vogelexkursionen teilnehmen oder aber ganz alleine für dich Vögel beobachten. Setz dich ruhig an den Strand. Möwen suchen nach Krabben oder Fischresten. Austernfischer stochern nach Muscheln. Sanderlinge treten häufig in Trupps auf. Mit trippelnden Schritten rennen sie an der Wasserkante entlang und folgen den heranrollenden Wellen vor und zurück. Sie halten Ausschau nach Würmern und Krebsen. Lass dir für deine Beobachtungen Zeit. Was aber immer gilt: Finger weg von toten Tieren.

Sanderlinge

Springtide und Nipptide

Wie die Gezeiten (Ebbe und Flut) entstehen, konntest du schon auf Seite 7 lesen. Es gibt aber noch ein paar Besonderheiten. Kurz nach Neumond oder Vollmond kommt es zur sogenannten **Springtide**. Da ist der Wasserstand bei Flut etwas höher als sonst. Das liegt an der Sonne. Die Sonne ist zwar viel weiter weg von der Erde als der Mond, aber ein bisschen Anziehungskraft hat sie auch. Bei Voll- und Neumond stehen Sonne, Mond und Erde in einer Linie. Das heißt, zur Anziehungskraft vom Mond kommt noch die Kraft der Sonne dazu – der Flutberg wird noch etwas höher. Das Gegenteil passiert, wenn Sonne und Mond im rechten Winkel zueinander stehen. Dann heben sich die Anziehungskräfte ein wenig auf und das Wasser steigt weniger an. Das wird **Nipptide** genannt.

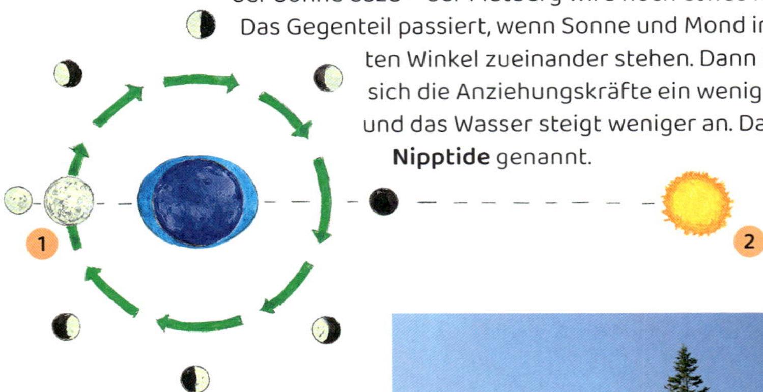

Mond 1 und Sonne 2 stehen in einer Linie und ziehen das Wasser besonders stark an. Es ist Springtide.

Die Bay of Fundy bei Ebbe (links) und bei Flut (rechts). Hier ist der Wasserstand 15 Meter höher als bei Ebbe.

Beispiel einer Gezeitentabelle:
Pegelstand Hamburg, St. Pauli

Datum		Zeit	Wasserstand	Meter
Di	27.06.2023	23:15	HW	3,4
Mi	28.06.2023	6:18	NW	0,2
Mi	28.06.2023	11:57	HW	3,0
Mi	28.06.2023	18:37	NW	0,3
Do	29.06.2023	00:21	HW	3,3
Do	29.06.2023	7:19	NW	0,2
Do	29.06.2023	13:08	HW	3,1
Do	29.06.2023	19:42	NW	0,3

Wichtig zu wissen!

Die Gezeiten werden auch zur Energiegewinnung genutzt. Doch an der deutschen Nord- und Ostsee sind die Gezeitenunterschiede zu gering, sodass sich der Bau eines Kraftwerks an unseren Küsten nicht lohnt.

Mach mit!

Wenn du einen Gezeitenkalender hast, in dem die Uhrzeiten von Hoch- und Niedrigwasser stehen, überprüfe, ob die Zeiten stimmen und wie groß der Unterschied zwischen Ebbe und Flut ist. In einem Hafen geht das besonders gut, denn dort gibt es immer einen Pegel. Das ist eine Messlatte, an der sich die Höhe des Wasserstands ablesen lässt. So kannst du feststellen, wie hoch der Tidenhub ist, also der Unterschied zwischen Hoch- und Niedrigwasser. In der Nordsee liegt er zwischen 2 und 3,5 Metern. Das ist nicht viel, vergleicht man es mit der Bay of Fundy in Ostkanada. In dieser Bucht liegt der Tidenhub zwischen unglaublichen 15 und 21 Metern.

Die Halligen

Eine Besonderheit an der Nordseeküste sind die Halligen in Nordfriesland. Das sind kleine, flache Inseln ohne oder mit nur einem kleinen Deich. Im Winter werden sie bei Stürmen regelmäßig überflutet. Das nennt sich dann Sturmflut. Dann schauen nur noch die Warften aus dem Wasser, das sind kleine, künstlich angelegte Hügel, auf denen die Häuser stehen. Sturmfluten scheinen ein bisschen unheimlich, sind aber für die Menschen dort ganz normal. Sollte der Sturm doch heftiger sein, gibt es in jedem Haus einen sturmsicheren Schutzraum.

Der Blanke Hans

So werden besonders starke Stürme an der Nordsee genannt, die vor allem im Winter über das Meer toben. Zwei große Sturmfluten sind aus der Geschichte bekannt: die erste und die zweite Grote Mandränke 1362 und 1634. Dabei ertranken tausende von Menschen und viele Landflächen verschwanden für immer im Meer. Die Halligen sind Reste vom ehemaligen Festland. An einigen Stellen sind im Watt noch Überbleibsel von versunkenen Orten zu sehen, zum Beispiel alte Brunnen, Deichreste oder sogar noch Ackerfurchen.

Neues Land

Auch wenn du das Meer nicht siehst und um dich herum lauter Felder liegen, stehst du an der Nordsee trotzdem oft auf Meeresboden. An vielen Stellen wurde dem Meer mit großem Aufwand neues Land abgerungen. Wie das gemacht wird, siehst du an vielen Stellen an der Küste: Alles beginnt mit unzähligen Holzpflockreihen am Ufer, meist mit Fichtenreisig darin. Sie heißen Lahnungen und liegen wie Felder im Watt. Sie sorgen dafür, dass sich das Wasser in den Feldern beruhigt und sich dort besonders viel Sand und Schlick ablagert. So wird der Meeresboden immer höher.

Lahnungen sorgen dafür, dass sich Sand aus dem Meer ablagern kann. Der Boden wird höher, Pflanzen siedeln sich an und neues Land wird gewonnen.

Hat der Boden eine bestimmte Höhe erreicht, werden Gräben (Grüppen) ausgehoben. Der Aushub wird auf die Flächen zwischen den Gräben gebaggert und so der Boden weiter erhöht. Schon nach wenigen Jahren siedeln sich die ersten Salzwiesenpflanzen an. Dann werden neue Lahnungsfelder vor die alten gebaut. Hat man genug neues Land gewonnen, wird ein hoher Deich davorgebaut und die Fläche später bewirtschaftet, also beispielsweise als Weideland genutzt. Heute benötigt man neues Land oft nicht mehr als Nutzfläche, sondern zum Küstenschutz: Je mehr Land vor den eigentlichen Deichen liegt, desto besser werden die Wellen bei starken Stürmen gebremst. So werden sie den Deichen nicht mehr so gefährlich. Eingedeichte Flächen heißen übrigens Koog (Schleswig-Holstein), Polder (Ostfriesland, Holland) oder Groden (Oldenburg).

Alles aus Sand

Die meisten Küsten an der Nord- und Ostsee bestehen aus Sand. Der Wind bläst die Sandkörner davon, bis sie an einem Hindernis hängen bleiben, zum Beispiel in einem hoch gelegenen Spülsaum. Dort können dann die ersten Pflanzen wie Meersenf und Queller wachsen. Im Windschatten der Pflanzen bleibt immer mehr Sand liegen. So entstehen die ersten **Vordünen**.
Die Dünen werden langsam immer höher. Je höher die Dünen werden, desto mehr Pflanzen können sich ansiedeln. Mit ihren Wurzeln halten sie den Sand fest, sodass er nicht wieder weggeblasen wird.

Weißdüne

Die ersten richtig hohen Dünen werden **Weißdünen** genannt, denn hier liegt zwischen den Pflanzen nur der helle, weiße Sand.

Hinter den Weißdünen beginnen die Graudünen. Hier haben sich schon die ersten Flechten und Moose angesiedelt. Aus den abgestorbenen Pflanzen bildet sich der erste Humus und gibt dem Boden die graue Färbung.

Noch weiter hinten stehen die Braundünen. Hier wachsen viele Sträucher und Heidekräuter und der Boden ist durch den angesammelten Humus bräunlich gefärbt. Zwischen den Braundünen liegen oft sehr feuchte Dünentäler, in denen kleine Moore mit seltenen Pflanzen entstehen.

Braundüne

Der Strandhafer

Der Strandhafer ist eine der wichtigsten Pflanzen der Dünen. Er hat ein besonders reich verzweigtes Wurzelwerk und es macht ihm nichts aus, wenn er vom Sand überdeckt wird. Dann wächst er einfach wieder heraus. Außerdem hat er besonders feste und steife Blätter, damit sie bei Sturm nicht abknicken und die fliegenden Sandkörner dem Blatt nicht schaden können. Um wandernde Dünen aufzuhalten, wird meist Strandhafer gepflanzt.

Das dichte Wurzelwerk hält den losen Sand fest.

Die Wanderdüne

Gefürchtet sind die Wanderdünen. Hier schaffen es die Pflanzen nicht, den Sand festzuhalten. Der Wind pustet die Sandkörner immer weiter. Wanderdünen können über 100 Meter hoch werden, an der Nord- und Ostsee aber nur zwischen 40 und 50 Meter. Bekannt ist die Wanderdüne bei Łeba in Polen. Sie wandert im Jahr circa zwölf Meter nach Osten und begräbt alles unter sich, was ihr im Weg steht, so auch das Dorf Łącka.

Wichtig zu wissen!

Dünen sind sehr empfindliche Lebensräume. Wird die Pflanzendecke zerstört, kann der Wind den Sand wieder wegblasen und tiefe Schneisen in die Dünen schlagen. In den meisten Dünengebieten ist es verboten, von den Wegen abzugehen, weil die Fußtritte sonst die Pflanzen kaputt machen.

Wie kommt das Salz ins Meer?

Dass Meerwasser salzig ist, schmeckst du spätestens nach dem ersten Bad im Meer. Das Salz stammt aus den Gesteinen der Erdkruste und wurde im Laufe der Jahrmillionen vom Regen und mit den Flüssen ins Meer gespült. Im Schnitt enthält ein Liter Meerwasser 35 Gramm Salz. Nordseewasser etwas weniger, weil es durch das viele Süßwasser von Elbe, Weser und Rhein leicht verdünnt wird. Auch im Winter ist es weniger Salz, weil nicht so viel Wasser verdunstet. In der Ostsee ist der Salzgehalt noch geringer, weil es nur eine schmale Verbindung zur salzigen Nordsee gibt. So sind es in der westlichen Ostsee bei Dänemark nur 9 bis 17 Gramm Salz und bei Finnland nur noch drei bis fünf Gramm pro Liter Meerwasser.

Wie viel Salz im Wasser steckt, kannst du mit einem kleinen Experiment feststellen. Du holst dir einen Liter Meerwasser und lässt es zum Beispiel auf einem Backblech verdunsten – am schnellsten geht das, wenn du das Blech einfach in die Sonne stellst. Übrig bleibt Salz – und das kannst du wiegen!

Mach mit!

Weißt du, wie ein Schneckenhaus von innen aussieht? Vielleicht hast du ja mal ein zerbrochenes Gehäuse gefunden, an dem du die schönen Windungen sehen konntest. Wenn nicht, kannst du selbst ein Schneckenhaus bis zur Mitte abschleifen. Dafür brauchst du nur ein Stück möglichst grobes Schleifpapier. Zur Not geht es auch an einer Betonplatte. Fang erst mal mit kleinen Schneckenhäusern an, damit geht es einfacher als mit einer dicken Wellhornschnecke. Du kannst auch eine Schnur durch die Windungen fädeln und hast ein wunderschönes Schmuckstück.

Mach mit!

Im Spülsaum findest du die interessantesten Dinge. Von Muscheln, Schnecken bis zu schönen Holzstücken oder Steinen. Damit du dich an deiner Sammlung auch zu Hause erfreuen kannst, bastelst du am besten ein schönes Mobile daraus. Am einfachsten ist es, wenn du am Strand einen verzweigten Ast findest, an den du deine Fundstücke hängst.

Nur ein paar Steine

Das könnte man denken, wenn man am Ostsee- oder Nordseestrand spazieren geht. Aber schau dir das Gestein, wie es richtig heißt, einmal genau an. Da gibt es welches mit großen Flecken oder mit kleinen Tupfen, gebändertes Gestein oder solches ohne jegliches Muster. Du kannst Feuersteine finden und Fossilien wie versteinerte Seeigel. Während der verschiedenen Eiszeiten brachten die Gletscher aus dem Norden immer wieder unterschiedliches Gestein mit, das sie auf ihrem Weg nach Süden Richtung Dänemark und Norddeutschland aufgenommen hatten. Als das Eis wieder schmolz, blieb das Gestein zurück, das du heute bewundern kannst.

Helgoland – Felsküste im Meer

Mitten in der Deutschen Bucht ragt Deutschlands einzige **Hochseeinsel** senkrecht aus dem Meer – Helgoland. Es ist auch Deutschlands einzige Felseninsel in der Nordsee. Hier findest du eine ganz andere Tier- und Pflanzenwelt vor als im Watt und am Strand.

Besonders beeindruckend sind die circa 50 Meter hohen Vogelfelsen. Im Frühling brüten hier tausende Dreizehenmöwen und Trottellummen dicht an dicht und veranstalten ein lautstarkes Spektakel. Und die Basstölpel fliegen nur wenige Meter neben dir elegant an der Felskante entlang.

Trottellummen, Basstölpel und selbst Dreizehenmöwen brüten auf schmalsten Felsbändern auf dem Vogelfelsen Helgolands.

Auch unter Wasser sieht es ganz anders aus. Hier können sich an den Felsen viele verschiedene Tangarten festheften und zwischen den Felsen fühlen sich verschiedene Schnecken, Seeanemonen, Krebse, Seesterne und Seeigel wohl. Die nächsten vergleichbaren **Felsküsten** findest du erst wieder in Nordfrankreich, England oder Norwegen.

Besonders die Jagd des Basstölpels nach Fischen ist sehr eindrucksvoll. Denn mit angelegten Flügeln stürzt er sich aus 20 bis 30 Meter Höhe wie ein Pfeil senkrecht ins Wasser. Beim Eintauchen ist er fast 100 Stundenkilometer schnell.

Müll im Meer

gefährlicher Müll

Ist dir das auch schon aufgefallen: An jedem Strand, an dem du entlangwanderst, findest du Müll, vor allem aus Plastik. Am Meeresboden der Nordsee liegen geschätzt 600 000 m^3 Plastikmüll, das ist eineinhalbmal das Volumen des Kölner Doms. Das ist ein Riesenproblem für die Meere und ihre Lebewesen. Für Tiere ist der **Plastikmüll** extrem gefährlich. Viele Vögel, Seehunde und Schweinswale verfangen sich in Schnüren oder Resten von Fischernetzen und ertrinken. Oder die kleinen Plastikteile werden für Nahrung gehalten. Das Plastik verstopft den Magen und die Tiere verhungern. Es gibt kaum noch einen Hochseevogel, der nicht irgendwelche Plastikteile im Magen hat.

Plastikmüll am Nordseestrand

Das, was du am Strand findest, ist nur ein kleiner Teil des Mülls. Die größere Menge liegt auf dem Meeresgrund und zerfällt in immer kleinere Teile, bis du ihn nicht mehr vom Sandkorn unterscheiden kannst. Rund um die Erde kann man dieses **Mikroplastik** an den Stränden im Sand nachweisen.

Die Ostsee

Die Ostsee ist ein sehr junges Meer. Sie ist erst nach der letzten Eiszeit vor etwa 12 000 Jahren entstanden, als der riesige Eispanzer über Skandinavien abgeschmolzen ist. Die Ostsee hatte nicht immer eine Verbindung zur Nordsee. Zweimal war sie für rund 2 000 Jahre ein riesiger Süßwassersee. Erst seit 5 000 v. Chr. gibt es eine ständige Verbindung zur Nordsee und damit leicht salziges Wasser. Eine weitere Besonderheit ist, dass sich der Meeresboden ganz langsam hebt. Während der Eiszeit hat der circa drei Kilometer dicke Eispanzer über Skandinavien die Erdkruste in den Erdmantel gedrückt. Seit das Eis geschmolzen ist, hebt sich die Erdkruste wieder. Am Anfang waren das bis zu sieben Zentimeter im Jahr, aber auch heute hebt sich der Boden in der nördlichen Ostsee noch fast einen Zentimeter jährlich.

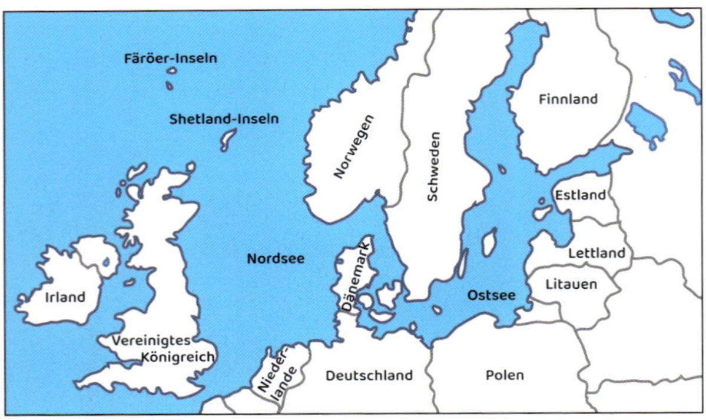

Im Norden reicht die Nordsee etwa bis zur Höhe der Shetland-Inseln. Die Ostsee hat nur eine schmale Verbindung zur Nordsee.

Bodden und Haff

Am Südrand der Ostsee gibt es nahe der Küste flache Gewässer, die Bodden oder Haff genannt werden. Früher waren das Buchten der Ostsee. Doch durch Wind und Meeresströmungen haben sich an der westlichen Seite der Buchten lange Sandnehrungen, also kleine Landzungen gebildet, bis sie das andere Ende der Bucht erreichten. So wurden die meisten Buchten vom Meer abgetrennt oder haben nur noch eine schmale Verbindung.

Das Ostseegold

Bernstein gibt es in vielen verschiedenen Farbschattierungen.

Dieses Wort hörst du an der Ostsee immer wieder. Aber richtiges Gold ist es nicht, sondern Bernstein. Der ist vor 10 bis 60 Millionen Jahren entstanden, als in Nordeuropa ein großer Wald stand. Und wo Bäume stehen, gibt es auch Baumharz. Ein Teil des Baumharzes ist damals über einen großen Fluss in ein Meer gelangt, ungefähr da, wo heute die südliche Ostsee liegt. Im Laufe der Zeit ist das Harz versteinert und es wurde Bernstein daraus. Heute wird dieser ab und zu wieder freigespült und gelangt mit den Wellen an den Strand. Besonders nach Stürmen lohnt es sich, am Strand danach zu suchen. Auch in der Nordsee kannst du Bernstein finden.

Besonders wertvoll und spannend sind Steine, in denen Tiere oder Pflanzenteile eingeschlossen wurden. Oft sind Insekten in dem klebrigen Harz stecken geblieben, aber man hat auch schon kleine Eidechsen darin gefunden.

Hier blieb ein Skorpion im Harz kleben.

Wichtig zu wissen!

Vorsicht! Manche Steine leuchten so gelb wie echter Bernstein, sind aber weißer Phosphor. Dieser Phosphor stammt aus alten Brandbomben, die im Meer versenkt wurden. Solange der Phosphor nass ist, passiert nichts, aber sobald er trocknet, entzündet er sich von selbst und lässt sich kaum noch löschen. Aus diesem Grund sollten scheinbare Bernsteinfunde nicht einfach in die Hosentasche gesteckt werden. Am sichersten ist es, sie in einer Metalldose zu sammeln und später unter kontrollierten Bedingungen zu trocknen.

Schnelle Suche mit Stichwörtern

ENTDECKEN. Erkennen. Erleben.

256 Seiten, ca. €/D 14,–
ISBN 978-3-440-17243-8

Welches Tier schleicht da durch den Garten? Und welcher Baum hat solche gezackten Blätter? Dieser Naturführer für Kinder ist ein schlauer Begleiter auf allen Expeditionen durch die Natur. Mit 250 Tier- und Pflanzenarten und 70 Tierstimmen in der KOSMOS-PLUS-App.

ISBN 978-3-440-17242-1

ISBN 978-3-440-17245-2

ISBN 978-3-440-17244-5

ISBN 978-3-440-17430-2

ISBN 978-3-440-17429-6

ISBN 978-3-440-17647-4

Und noch mehr auf kosmos.de/kindernaturfuehrer entdecken!

NABU
Macht Spaß. Macht Sinn.
Die Natur schützen mit dem NABU. Mach mit!
www.NABU.de/aktiv
© NABU/E. Neuling

Krebse, Stachelhäuter

Strandfloh
29

Seepocke
30

Nordseegarnele
31

Ruderkrabbe
32

Strandkrabbe
33

Schlickkrebs
34

Einsiedlerkrebs
35

Seestern
36

Kleiner Strandseeigel
37

Muscheln, Schnecken

Herzmuschel
38

Miesmuschel
39

Sägezähnchen
40

Baltische Plattmuschel
41

Große Pfeffermuschel
42

Feste Trogmuschel
43

Sandklaffmuschel
44

Amerikanische Schwertmuschel
45

Weiße Bohrmuschel
46

Pazifische Auster
47

Pantoffelschnecke
48

Netzreusenschnecke
49

Strandschnecke
50

Stumpfe oder Flache Strandschnecke
51

Wattschnecke
52

Wellhornschnecke
53

Würmer, Quallen

Kompassqualle
54

Ohrenqualle
55

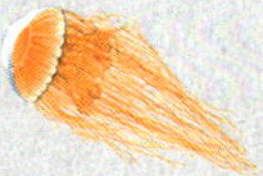
Feuerqualle oder Gelbe Nesselqualle
56

Seestachelbeere
57

Seenelke
58

Wattwurm
59